KB274490

한국의 **1**인 주식회사

한국의 1인 주식회사

최효찬 지음

한국경제신문

자신의 분야에서
최고경영자가 돼라

"주식회사의 직원이든 어디에도 구속되어 있지 않은
프리에이전트이든 자기 자신을 브랜드로 포장하고
아름다운 디자인으로 팔지 못하면 존재 의미가 없다."
– 톰 피터스

어디에 있건 '1인 기업가'가 되어야 살아남는다

'월가(미국 뉴욕의 금융가)의 인디애나 존스'라는 닉네임을 갖고 있는
짐 로저스(1942년생). 그는 예일대를 수석으로 졸업할 정도로 수재였
지만 주식투자에서만큼은 문외한이었습니다. 그러던 그는 1969년에
'투자의 귀재' 조지 소로스를 만나면서 새로운 인생을 시작하게 됩
니다. 10년 동안 3,365퍼센트라는 놀라운 투자수익을 거두며 투자고
수의 반열에 오른 것입니다. 더욱 극적인 것은 그가 38세 되던 1980
년에 1,700만 달러를 손에 거머쥐고는 돌연 은퇴를 선언했다는 점입
니다.

로저스는 1990년부터 22개월 동안 1,000시시급 BMW오토바이를 타고 6대륙 51개국을 돌아다녔습니다. 그는 지나치는 곳마다 증권거래소와 장외시장을 둘러보고, 그 나라 경제의 장단점과 향후 전망을 분석했습니다. 그는 이를 토대로 《월가의 전설 세계를 가다Investment Biker》라는 책을 펴내면서 다시 한 번 월가의 주목을 받았습니다. 1999년에도 자동차로 116개국을 돌아다닌 뒤, 주요 국가의 투자환경 등을 담은 《어드벤처 캐피털리스트Adventure Capitalist》를 펴냈습니다. 주식에서 상품(원자재)으로 투자방향을 전환한 그는 2005년에는 《상품시장에 투자하라》라는 책을 써서 베스트셀러를 탄생시켰습니다. 이외에도 로저스는 콜롬비아 비즈니스 스쿨에서 금융론을 가르치고, 금융 방송 프로그램을 진행했습니다.

이 정도라면 누구나 부러워할 만한 인생이 아닐까요? 인생은 선택의 연속입니다. 로저스가 돈을 더 벌기 위해 펀드매니저로 계속 일했다면 그의 인생은 오히려 추락했을 가능성도 배제할 수 없습니다. 그러나 그는 미련 없이 은퇴를 선언하고 '1인 기업가' 로 나섰습니다. 그게 로저스 인생의 터닝 포인트가 아니었을까요? 하지만 이런 얘기에 도취해 있다가도 다음과 같은 기사를 보면 가슴이 답답해집니다.

"30, 40대 직장인도 5년 후가 불안하다"
"40, 50대 직장인, 정년이 되더라도 딸이 열여섯살인데…"
"직장인 10명 중 9명, 기회가 되면 프리랜서로 일하고 싶다"

40, 50대 직장인들은 정년을 꼽아보면 한숨만 나온다고 합니다. 그

런데 다음의 조사 결과는 어디에 있건 왜 1인 기업가의 자세로 살아 가지 않으면 안 되는지를 깨닫게 합니다. 2007년 2월 LG경제연구소 가 조사해 발표한 바에 따르면, 우리 기업들의 평균 정년은 57세이지 만 경기 침체와 '젊은 피'를 선호하는 기업문화에 따라 실제 퇴직 연 령은 평균 52.3세라고 합니다. 자녀 교육비 때문이라도 누구나 평균 정년인 57세까지 회사에 다니고 싶을 테지만, 현실적으로는 그보다 5 년 전에 회사를 그만두게 된다는 것입니다.

한 포털사이트 취업 회사의 조사 결과에서 우리는 이 시대 직장인 들의 속내를 그대로 볼 수 있습니다. 직장인 90퍼센트 이상이 "가능 한 한 직장을 떠나 혼자 자유롭게 일하고 싶다"고 말한 것입니다. 그 런데 왜들 직장에 다니냐고요? 그것은 다름 아닌 자녀 교육비가 가장 큰 이유입니다. 솔직히 말해서 자녀 문제만 아니라면 당장 직장을 그 만두어도 미련이 없을 것입니다. 특히 40, 50대 직장인의 경우 자녀에 게 들어가는 엄청난 등록금과 사교육비로 인해 어쩔 수 없이 직장에 다니고 있는 이들이 대부분이라고 할 수 있습니다.

급박하게 변하는 국내외 환경으로 인해 이제 직장은 자신의 꿈과 희망을 모두 걸 만큼 안정된 곳이 못 됩니다. 오히려 회사가 직장인의 블랙홀이 되고 있는 현실입니다. 솔직하게 말하자면 대기업이라도 직 장인 개인의 꿈을 키워주지는 않습니다. 아서 밀러의 《샐러리맨의 죽 음》에서처럼 단물이 빠지면 가차 없이 용도 폐기되는 게 직장인의 변 하지 않는 운명입니다.

그렇지만 결코 직장에 다니지 말라는 말이 아닙니다. 처음 시작할 때에는 누구든 직장이 필요합니다. 또 대기업의 CEO(최고경영자) 자리는 충분히 도전할만한 가치가 있습니다. 도전정신이야말로 누구에게 꼭 필요한 덕목이니까요. 하지만 지금은 획일화된 목표에 도전하는 시대는 지났다는 것입니다. 그것은 평생직장 시대에나 가능한 직장문화였습니다. 지금은 직장에 다니면서 자신만의 전문성을 키우는 게 더욱 절실합니다. 회사가 전문성을 키워주지 않는다면 스스로 자신만의 전문성을 계발해야 합니다. 그래야만 능력 위주의 조직문화 속에서 살아남을 수 있습니다. 더욱이 그 전문성을 밑천으로 '1인 기업가'로 홀로서기를 할 수도 있을 것입니다. 전문성은 이제 직장인이라면 누구나 갖춰야 할 필수덕목입니다. 결코 선택사항이 아니라는 말입니다.

그런데 요즘 20대 가운데 불안정한 직장보다는 자신만의 비전을 갖고 최고 전문가에 도전하는 젊은이들이 늘고 있습니다. 오히려 직장인들보다 한발 빠르다고 할까요. 이게 요즘의 세태입니다.

맹렬히 진화하는 지식기반경제는 1인 기업의 생태계와 같습니다. 1인 기업가의 입지는 지식기반경제가 가속화하면서 비례적으로 크게 확대되어 왔습니다. 최근 몇 년 사이에 직장인뿐 아니라 직장에 다녀보지 않은 대졸자들조차도 불안정한 직장에 취업하느니 자신만의 비전을 키우며 전문가의 길에 도전할 정도로 1인 기업가는 새로운 트렌드를 형성하고 있습니다. 1인 기업가의 영역도 컨설턴트, 강연가, 저술가, 프로그래머, 콘텐츠 제작자, 기획자 등 해당되지 않는 분야가 없을 정도입니다. 이로 인해 1인 기업가의 연령도 40, 50대에서 20, 30대로 점차 낮아지고 있습니다. 자기경영 분야의 전문가인 공병호 박사는 아예 "40대 전후가 1인 기업가를 시작할 수 있는 적기"라고 강조합니다. 나이가 들면 상대적으로 도전정신과 모험심이 약해져 새로운 일을 시작하기 두려워하기 때문이죠.

따라서 직장에 있건 직장을 나와서건, 어디에 있건 간에 자신만의 경쟁력을 키우고 '1인 경영자' 혹은 '1인 기업가'의 자질을 갖추며 살아가는 자세가 가장 중요합니다. 그러지 않으면 행여 명예퇴직 리스트에 오르지 않을까, 상사의 눈 밖에 나지 않을까, 나아가 인사상 불이익을 당하지 않을까 전전긍긍하며 살아갈 수밖에 없을 것입니다. 하지만 자신만의 전문성을 가지고 있다면 직장생활을 하더라도 한결 여유를 가질 수 있습니다.

10년을 준비한 1인 기업가 포트폴리오

저는 신문기자를 그만두고 1인 기업가로 출발하기 위해 10년을 철저히 준비해 왔습니다. 신문기자로서 현장취재를 할 수 없는 단계, 즉 부장을 보조해야 하는 선임 차장이 되면 그때는 기자직을 그만둬야 할 물리적인 시기라고 판단하고 이에 대비한 것입니다. 1인 기업가로 나서기 위한 저의 포트폴리오 준비 과정은 박사학위 취득과 저술 두 가지로 요약할 수 있습니다. 박사학위는 2006년 8월에 마쳤고, 저술활동은 지금까지 8권을 출간해 그 중에서 3권이 베스트셀러가 되었습니다. 10년 동안의 준비(1단계)와 휴직제도 활용(2단계), 아내와의 신뢰감 형성 및 위기관리(3단계)를 통해 비로소 저는 신문기자직을 그만두고 1인 기업가로 나설 수 있었습니다.

지금 우리는 자신이 하고 싶은 일을 유보한 채 '불몽不夢'의 시대를 살아가고 있습니다. 대학생들은 취업의 꿈마저 접어야 하는 현실에 처해 있고, 직장인들은 꿈을 잃고 아예 잊어버린 지 오래입니다. 이제 다시 꿈을 꾸어야 합니다. 꿈을 꾸지 못하는 삶은 살아있지만 죽은 삶입니다. 꿈을 되찾고 도전하는 것은 자신의 인생을 리모델링하는 출발입니다. 이제 마지막 기회입니다. 꿈을 되찾고 인생을 리모델링하십시오. 자신의 삶을 주도적으로 살아가는 1인 기업가의 세계를 열 자신만 있다면 이미 꿈을 되찾은 것이며, 인생 리모델링을 시작한 것입니다!

인생을 리모델링하다

직장을 그만두고 솔로로 독립하기 위한 비결은 있습니다. 모든 비결이 그렇듯이 이는 어쩌면 너무나 평범합니다. '준비한 후 실행하라'는 것이 바로 그 비결입니다. 특히 준비기간에 아내의 신뢰와 동의를 얻는 게 중요합니다. 저는 여기에 한 가지를 덧붙이고자 합니다. 가능하다면 1인 기업가로 홀로서기를 결행하기 전에 휴직을 1년간 해보는 것입니다. 대부분의 직장에는 휴직제도가 있습니다. 이 휴직제도를 잘만 이용하면 홀로서기에 따른 심리적 부담감을 덜어내고 자신감을 얻을 수 있는 기회로 만들 수 있기 때문입니다.

　저의 경우 휴직이 큰 지렛대 역할을 했습니다. 어떤 이는 휴직을 하면 영원히 책상을 치워 다시 회사로 돌아갈 수 없을지 모른다고 두려워합니다. 휴직은 바보 같은 짓이라고…. 그렇지만 이제 발상의 전환을 해야 합니다. 휴직을 이용하지 않는 것이야말로 바보 같은 짓이 아닐 수 없습니다. 무급 휴직이라도 한번 도전해 보십시오. 거기에서 새로운 길을 암시받을 수도 있을 것입니다. 기회는 부단히 찾고 도전하는 자에게 주어지는 특전이니까요.

저는 노사협약 중 "자비로 국내외 연수 시 1년 무급 휴직할 수 있다"는 조항을 이용해 휴직을 신청했습니다.

저는 휴직을 하면서 그동안 소홀했던 자기계발은 물론, 재테크에 나서면서 가정의 '위기관리'에도 힘쓸 수 있었습니다. 직장인은 하루 일과에 바빠 재테크에 나서기 어렵습니다. 직장인들이 재테크에 소홀할 수밖에 없는 것은 관심이 적어서가 아니라 시간이 부족하기 때문입니다. 가정의 위기관리에 힘쓴 결과, 휴직기간 동안 아파트를 마련할 수 있었습니다. 휴직으로 인한 시간적 여유를 적극 활용해 정보를 수소문하고 열심히 발품을 팔아가며 이리저리 고민한 결과입니다. 또한 휴직기간에 쓴 《5백년 명문가의 자녀교육》이 베스트셀러가 되어 제게 새로운 계기를 열어주었습니다.

휴직을 잘만 활용하면 새로운 인생을 열 기회를 만들 수 있고, 아울러 그동안 소홀했던 분야에도 관심을 가지고 투자할 수 있습니다. 저 역시 휴직으로 '터닝포인트'를 마련할 수 있었습니다. 집 장만과 저술활동의 성공적인 결과물도 그렇지만, 무엇보다 저 자신의 '인생 2막'을 준비하는 기회로 삼을 수 있었기 때문입니다. 이후 저는 복직을 해서 7개월 정도 근무하다 아예 신문사를 그만두고, 마흔두 살에 새로운 삶으로의 리모델링에 착수했습니다.

2007년 4월로 신문사를 그만둔 지 만 1년이 되었습니다. 저는 요즘 신문기자 때보다 바쁘게 생활하고 있습니다. 신문기자에서 '작가 겸 저널리스트'로 제 자신을 새롭게 포지셔닝하고 있습니다. 또한 2006년에 받은 박사학위(비교문학)는 1인 기업가로서의 생활에 자신감을 줍니다.

어쩌면 저는 지금 1인 기업가로 빠르게 '연착륙'을 하고 있다고 볼 수 있습니다. 이는 철저한 준비와 1년간의 휴직, 아내와 신뢰감 형성 등의 과정을 거쳐 이루어낸 결과라고 할 수 있습니다. 그동안 기자와 공부, 글쓰기의 '1인 3역'을 하느라 눈치도 보면서 힘들었지만, 이게 밑천이 되어 새로운 도전에 나설 수 있게 된 것입니다.

여러분도 새로운 인생의 길에 다시 도전해 보시기 바랍니다. 우리 모두가 젊었을 때 품었던, '세상을 바꾸고 싶다'는 포부를 다시 되새기면서 말입니다. 결심이 서면 망설이지 말고 일단 실행에 옮겨보십시오. 그러면 길이 하나둘 보이면서 용기도 생겨나는 법입니다.

그리고 톰 피터스Tom Peters가 말한 대로 "기업의 녹을 먹고 있건 그렇지 않건, '나 주식회사Me Inc.'의 CEO처럼 행동해야 당당하게 살아남을 수 있다"는 말을 명심하십시오. 1인 기업가를 꿈꾸는 여러분 모두가 이 말을 독송讀誦처럼 혹은 주문呪文처럼 마음속에 되새기기를 바랍니다.

막차를 앞에 두고 망설이지 말라는 말이 있습니다. 모든 것은 자신이 하기 나름입니다. 도전해서 이루지 못할 게 뭐가 있습니까. 솔직히 말해서 직장에 다닐 때만큼만 부지런을 떨면 무엇이든 해낼 수 있을 것입니다. 이는 직장인들이 더 잘 아실 겁니다.

지금은 자신만의 콘텐츠가 돈을 벌어주는 시대입니다. 1인 기업가

뿐만 아니라 직장인들도 자신만의 콘텐츠를 축적할 수 있어야 합니다. 직장인들도 시간만 잘 활용한다면 충분히 가능한 일입니다. 예컨대 서울 도심의 모습을 10년 동안 사진으로 찍어 저장해 보세요. 그 사진들이 자신만의 콘텐츠를 만들어주고 나아가 '수익모델'로 삼을 수도 있을 것입니다.

자신의 전문성을 키울 수 있는 분야에서 10년 정도 일한다면 누구든지 자신만의 콘텐츠를 소유할 수 있습니다. 10년 정도 일하면 자신만의 콘텐츠는 기하급수적으로 늘 것입니다. 그 콘텐츠가 자신의 미래를, 노후를 행복하게 해줄 것입니다. 이제부터 자신만의 콘텐츠로 행복을 경영하는 1인 기업가로 살아갑시다!

| 차례 |

CONTENTS

PART 1

'나' 브랜드로 경쟁력을 강화하라

'나' 자신이 곧 브랜드다

자신을 재창조하라

포스트잇, VCR, 팩시밀리, CNN, 크라이슬러 미니밴, 휴대폰….

이들의 공통점은 무엇일까? 답은 바로 출시 초기에 고객들로부터 거부당한 대표적인 상품이라는 것이다. 미국의 《포춘Fortune》지에 따르면, 포스트잇 메모지의 경우 발명자인 아트 프라이Art Fry가 이 아이디어로 시장에서 성공하는 데 12년이 걸렸다. 현재 포스트잇을 만드는 3M사는 이 상품으로 매년 10억 달러를 벌어들이고 있다.

팩시밀리도 처음에는 거의 판매되지 않았다. 팩스를 보내도 받아줄 팩시밀리가 없었기 때문이다. 이처럼 새로운 시장을 창조해서 성공한 제품들은 거의가 처음에는 소비자들로부터 거부당했다. 게다가 성공으로 접어드는 데 수년에서 10여 년 이상이 걸리는 등 고통스러운 과정을 견뎌야만 했다.

톰 피터스는 여기서 교훈을 들려준다. "초기에 지속적으로 거부당하는 고통을 견뎌내는 사람만이 세상을 바꾸는 유일한 존재가 된다"라고. 즉 미래를 개척하는 리더들은 상당한 고통을 겪으며 이를 이겨내지 않으면 안 된다는 것이다. 기막힌 결론이 아닐 수 없다. 이 한 줄에 인생의 축소판이라고 할 수 있는 문구가 압축되어 있다고 해도 과언이 아니다. 지금 포스트잇, VCR, 팩시밀리, CNN, 크라이슬러 미니밴, 휴대폰 등은 세상을 주도하는 상품으로 자리 잡고 있다.

세계적인 1인 기업가의 아이콘으로 통하는 톰 피터스는 1인 기업가를 '브랜드 유Brand You' 혹은 '나 주식회사Me Inc.'라고 규정한다. 이는 나 자신이 곧 브랜드가 되어야 한다는 의미다. 즉 직장인이건 프리랜서건, 어디에 있건 간에 자신을 브랜드로 '포장'하고 아름다운 디자인으로 팔지 못하면 존재 의미가 없다는 것이다. 그는 "내 이름은 브랜드다"라고 말할 정도로 개인의 브랜드화를 강조하는데, 이는 평생직장의 개념이 사라지고 있는 무한경쟁 시대에 개인이 살아남을 수 있는 유일한 길은 자신의 전문성을 높이고 이를 경쟁력으로 남들과 차별화하는 것뿐임을 의미한다. 한마디로 '나' 브랜드만이 치열한 경쟁 속에서 강력한 무기가 된다는 것이다.

CNN, Intel, MTV, 스타벅스, 나이키, IBM, MS 등은 글로벌 브랜드를 구축한 회사들인데, 톰 피터스는 《혁신경영》에서 이들 브랜드를 가리켜 "이들은 브랜드의 군계일학이다. 이제는 개인도 브랜드의 군계일학이 되어야 한다"고 말한다. 그는 브랜드화란 고유한 개성을 창조하고 어떤 방법으로든 그것을 세상에 알리는 것, 그 이상도 이하도 아니라고 강조한다. 또한 "브랜드화는 시도하지 않으면 놓쳐버릴 아까운 기회이다. 어떻게 보면 나 자신도 브랜드이다"라고 말하면서, "나 역시 거의 혼자서 오프라 윈프리나 데니스 로드만, 마사 스튜어트, 아니타 로딕스, 리차드 브랜슨 등과 같이 스스로 브랜드가 된 사람들 흉내를 내면서 나 자신을 브랜드화했다"고 털어놓았다.

톰 피터스의 말을 빌면 CNN, Intel, MTV, 스타벅스, 나이키, IBM, MS 등은 이 시대의 상품을 대표하는 브랜드들이다. 이에 견주어 한 해 수천억 원을 벌어들이는 오프라 윈프리나 마사 스튜어트 등은 자신을 브랜드화하는 데 성공한 대표적 인물이라고 할 수 있다.

젊은 시절 당찬 포부로 자신을 변화시키고 아울러 세상을 변화시키려던 야망은 다 어디 갔을까? 직장인이라면 누구나 한번쯤 이런 상념에 빠질 것이다. 또한 이런 생각이 들 때마다 더욱 초라해지는 자신의 현재 모습이 싫을 것이다. 그러나 아직 때는 늦지 않았다. 늦었다고 생각할 때가 가장 빠르다는 말도 있지 않은가. 다시 꿈을 찾아 도전하면서 인생을 리모델링할 수 있는지의 여부는 전적으로 자신에게 달려 있는 것이다.

직장인에게 던지는 '최후의 통첩'

"변화를 지배하는 자가 성공한다"는 톰 피터스의 '혁신경영'에 대한 설파는 거의 최후통첩 수준이다. 그의 주장에 귀 기울인다면 성공을 위해서는 누구든 현재의 안락을 과감히 포기하고, 자신을 파괴하고, 조직을 배반하고, 자리를 떠나는 길밖에 없어 보인다. 즉 조직을 배반하는 게 미덕이며, 조직에 충성하는 자는 얼치기요 바보에 다름 아니다. 조직에 대한 충성은 이제 더 이상 직장인의 미덕이 될 수 없는 반면에 위험을 추구하고, 편집광이 되고, 실패를 용인하면 성공할 수 있다고 톰 피터스는 호언장담을 한다. 이는 거의 '악담' 수준이다.

톰 피터스는 자신을 하나의 '브랜드 유'로 재창조하려면 다음에 주목해야 한다고 강조한다.

1. 모험가처럼 생각하라. '나 주식회사'의 CEO로 재창조해야 한다.

2. 마케팅을 터득하라. 1인 기업가는 프로젝트마다 즐겁게 뛰어다니며 다른 사람과 일하는 데 익숙해져야 한다. 자신의 전문성을 마케팅하지 않으면 생존할 수 없다. 자신의 관점과 가치, 나 주식회사를 마케팅해야 한다.

3. 멋진 실패를 웃어넘겨라. 오늘과 같은 파괴적인 시대에는 전보다 훨씬 자주, 그리고 더 크게 실패할 수밖에 없다. 처절한 실패를 두려워하지 않고 웃어넘기면서 성공을 향해 과감하게 나아가는 자만이 살아남을 수 있다.

4. 네트워크를 확장하라. 같은 분야에 있는 전문가들과의 관계망을 끊임없이 확장하라.

5. 첨단기술을 즐겨라. 기술을 몰라도 기술로 인한 변화를 기분 좋게 받아들인다면 성공할 수 있다.

6. 젊은이들 앞에서 머리를 숙여라. 지금은 젊은이들의 세상이다. 최
   소한 젊은이를 한 명은 영입해야 한다.
7. 자기 재창조는 선택 사항이 아니다.

이는 톰 피터스가 직장인들에게 내리는 '최후의 통첩'이라고 할 수
있다. 최후통첩의 압권은 마지막 일곱 번째 덕목에 있다. 부디 우리나
라 대학생이나 구직자, 직장인들도 이 '악담'에 자극받아 지금 당장
자신을 '파괴'해서 브랜드화하는 일에 착수하길 바란다.

그는 말한다. "'브랜드 유'가 아니면 죽음뿐이다"라고. 최후의 통
첩을 '악담'으로 치부하고 말면 그만이다. 하지만 악담에 자극을 받
아 자신을 파괴하고 변화의 길로 나아간다면 그 사람은 톰 피터스의
말대로 될 것이다. 즉 자신을 재창조하고 성공의 길에 들어설 것이다.

톰 피터스는 프리에이전트Free Agent는 이제 태도의 문제라고 말하
면서, "평생을 보장해 주던 직장노예 상태에서 벗어나고 싶어 하지 않
는다면, 어느새 등을 파고드는 비수에 소스라칠 정도로 놀라게 될 것
이다. 새로운 기술을 배우고 전문성을 바탕으로 살아가는 멋진 인생
을 꿈꾸는 사람이라면 자신을 재창조하기 위해 자리를 박차고 일어나
야 한다"고 강조한다.

20대까지의 교육으로 평생을 버틸 것인가?

우리나라 대학생들이 가장 선호하는 직업은 공무원이라고 한다. 특히

최근에는 취업난의 최고조로 공무원 바람이 더욱 거세지고 있다. 프랜시스 후쿠야마(존스홉킨스대 교수)는 "기술발전과 고령화는 거스를 수 없는 대세인 만큼 인재육성 전략을 이에 맞게 바꿔야 한다"면서, "무엇보다 나이와 사회적·직업적 지위에 대한 고정적인 인식을 바꾸는 일이 시급하다"고 주장한다.

후쿠야마는 기술발전과 고령화라는 거스를 수 없는 대세에 따라 미국에서 일어나고 있는 변화를 언급한다. 즉 미국에서는 40, 50대의 사무직 관리자들이 기존 회사를 떠나 훨씬 낮은 임금을 받는 일자리로 이동해 다른 경력을 쌓는 게 일반화되고 있다는 것이다. 일본 역시 공무원이나 학계 인력들이 55세에 퇴임한 뒤 새로운 기관에서 일자리를 찾고 있다. 이제 20대까지의 교육으로 평생을 버티던 시대는 지났다고 후쿠야마는 말한다. 전 생애에 걸쳐 지속적인 재교육을 받아야 한다는 것이다.

제2의 직업을 찾아 낮은 연봉으로 하향 이동하는 미국의 직업 현상은 앞으로 한국에서도 나타날 것으로 전망한다. 그런데 여기서 우리를 슬프게 하는 것은 '하향 이동'이라는 데 있다. 평생 직장을 쫓아다니는 것도 서러운데 나이가 들수록 상향 이동이 아니라 하향 이동을 해야 한다니 말이다. 50대가 되어 이전보다 낮은 연봉을 받으면서 다른 직종의 일자리로 이동해야 한다면 엄청난 스트레스가 아닐 수 없다.

그렇다면 이러한 시대에 우리는 어떻게 대응하고 미래를 준비해야 할까? 앞으로의 직업 선택 기준은 무엇보다 '마흔 이후'에 두어야 할 것이다. 마흔 이후에는 마흔 이전에 쌓은 명성을 지속적으로 더 쌓아서 그 명성으로 살아갈 수 있어야 한다. 공병호 박사가 말한 '10년 법칙'처럼 10년 동안 죽자 살자 일하면 자신의 분야에서 전문가로 거듭날 수 있다. 한 가지에 10년을 몰입한다면, 마흔 이후에는 그 명성을 지속적으로 업그레이드하기만 해도 먹고사는 데 결코 지장이 없을 것이다.

하지만 마흔 이전에 그러한 명성을 쌓는 데 게을리 한다면, 마흔 이후에는 미국에서처럼 연봉이 훨씬 낮은 직장으로 옮겨 다니면서 파리 목숨처럼 생활을 연명해 나갈 수밖에 없다. 이제는 직업 선택의 기준을 마흔 이전에 쌓은 경험과 경력을 기반으로 마흔 이후에 자신의 전문성을 업그레이드하면서 살아갈 수 있는가에 두어야 한다. 지속적으로 데이터를 축적할 수 있느냐, 자신만의 콘텐츠를 가지고 있느냐에 따라 마흔 이후 삶의 질이 결정된다는 말이다.

마흔 이후 30년,
먹고살 비전은 있는가?

30, 40대부터 노후를 준비하라

'마흔 이후에 먹고살 비전이 없으면 아예 눈길도 주지 마라!'

이는 100세 수명 시대, 혹은 초고령화 사회에 진입한 시대의 직업 선택 기준이라고 할 수 있다. 즉 앞으로는 '마흔 이후를 어떻게 살아갈 수 있는가'가 직업 선택의 가장 중요한 기준이 될 것으로 예상할 수 있다. 나이의 기준을 '마흔'으로 설정한 것은 우리나라 기업에서 고위간부로 올라가는 시기가 마흔 살 무렵이기 때문이다. 마흔은 사회적 생존의 나이인 셈이며, 여기서 중요한 것은 마흔 이전의 사회적 경험을 마흔 이후에 유용하게 활용할 수 있느냐이다.

마흔 이전의 경험이 마흔 이후에 시너지를 발휘할 수 없다면 별 의미가 없는 경력일 것이다. 예컨대 마흔 이전에 직장생활을 하고 직장을 나올 경우, 마흔 이전의 경험을 토대로 마흔 이후의 생활을 더 근사하게 꾸려갈 수 있어야 한다. 직장에서 임원급으로 대우를 받다가 직장을 나올 경우, 임원급 경력으로 더 나은 삶을 꾸려갈 수 있을 때 이전의 경력이 진정 가치 있는 것이다. 그러나 대개 현실은 그렇지 않다. 임원급 경력은 직장을 나오는 순간 별 의미가 없어지는 것이다. 인맥이라도 잘 구축해 놓았다면 다시 채용되어 임원급 직장인으로 수명 연장이 가능하겠지만, 이 역시 결코 쉽지 않다.

마흔 이후 직업의 연착륙이 중요하다고 할 때, 이른바 1인 기업가들이 주목받는 이유가 바로 여기에 있다. 1인 기업가의 경우 경험을 축적하면 할수록 그것이 자신의 역량과 결합하여 시너지를 불러일으킨다. 즉 자신이 노력한 만큼 미래는 더 환하게 열린다. 그래서 마흔 이전에 이미 1인 기업가로 우뚝 섰거나 발판을 마련했다면 마흔 이후는 탄탄대로라고 할 수 있다.

방송인이자 서울과학종합대학원 부총장인 윤은기 박사의 경우가 그렇다. 그는 삼성물산에서 근무하다가 그만둔 뒤, 당시만 해도 낯선 정보 컨설턴트로 활동하기 시작했다. 그 같은 한발 앞선 선택으로 인해서 윤 박사는 20년이 지난 지금 행복한 50대를 보내고 있다. 직장에서 잘나가던 그의 친구들은 이제 현역에서 은퇴해 쓸쓸한 신세가 되어가고 있지만, 윤 박사는 가장 바쁜 50대를 보내고 있는 것이다. 그가 만약 삼성물산에 그대로 눌러앉아 있었다면 오늘의 윤은기는 없을 것이다. 그는 삼성이라는 대기업이 주는 조직의 아늑함에 안주하지 않고 마흔 이후를 대비해 거친 황야로 나왔다. 정보 컨설팅이라는, 미래에 각광받을 '비장의 무기'를 휴대하고 삼성을 박차고 나왔던 것이다.

50대가 되면 노후가 불안해지는 것은 당연하다. 그러나 요즘은 30, 40대의 가장 큰 고민이 바로 노후라고 한다. 40대와 50대에 가장 많이 들어가는 게 자녀 교육비인데, 요즘은 40대에 은퇴를 해야 하는 추세에서 자신의 노후를 고민하지 않을 수 없는 것이다. 하지만 고민만 하다가는 무엇 하나 얻지 못한다. 요즘과 같이 급변하는 사회에서는 생각보다 행동이 앞서야 스트레스를 받지 않는다. 생각은 짧게 하고 현명한 결단을 내려 바로 행동에 나서야 한다. 그 행동이란 다름 아닌 40대 이후에 직장을 나와서도 먹고살아갈 수 있는 준비를 하는 것이다. 준비만큼 직장인을 든든하게 하는 무기는 없다.

직장을 떠돌다 생을 마감할 작정인가?

'마흔 이후를 어떻게 살아갈 수 있는가'가 직업 선택의 가장 중요한 기준이 된다고 보면, 20대부터 아예 1인 기업가적 마인드로 무장해서 자기계발에 노력을 기울이거나 또는 대기업에 문을 두드리는 대신에 1인 기업가로 나서는 것도 한발 앞선 선택일 수 있다. 앞으로 소개할 쇼핑몰 창업 전문 컨설턴트 황윤정 씨가 바로 그러한 대표적 성공 사례라 할 수 있다.

20세기가 남성의 시대였다면 21세기는 여성의 시대라는 게 각계 전문가들의 공통된 진단이다. 여성이 사회경제적 삶의 주체가 됨에 따라 남성 못지않게 1인 기업가로서 독립적 삶을 꾸려가는 여성 프리 에이전트 또한 늘고 있다. 이러한 현상은 국내는 물론 이미 '글로벌 트렌드'로 확산되고 있는 추세다. 예컨대 맥킨지 등 글로벌 컨설팅 회사에서 전문성을 쌓은 여성 경력사원들이 1인 기업가로 데뷔하는 경향은 어제오늘의 일이 아니다. 이들을 전문적으로 네트워킹해 주는 기업들도 생겨나고 있다.

최재천은 《당신의 인생을 이모작하라》라는 책에서 '두 인생 체제 two-lives system'를 살아야 한다고 주장한다. 번식기로 규정되는 '제1인 생'과 번식 후기의 '제2인생'을 철저하게 분리하여 살자는 제안이다. '두 인생 체제'에서는 제1인생의 직업을 제2인생으로 끌고 가지 않는 것을 원칙으로 한다. 그는 50세를 전후하여 제1인생의 직업에서 은퇴 하고 다시 제2인생으로 뛰어들 것을 제안한다.

그렇지만 나는 이러한 이원적 삶이 과연 효율적이며 개인에게 삶의 행복을 가져다줄 수 있을지 회의감이 든다. 한 분야의 전문성을 획득 하기 위해서는 어쩌면 수십 년간 공부하고 학습을 해야 한다. 직장에 서 실무를 익히고 그러한 경력이 어느 정도의 수준까지 쌓여야만 전 문가로 인정받을 수 있는 것이다. 그런데 50세 전에 했던 일을 접어두 고 다시 새로운 분야에서 일한다면, 과연 전문성을 살리는 일(전문직) 에 얼마나 종사할 수 있을지 의문이 든다. 그야말로 이상적인 생각이 아닐 수 없다. 그럴 바에는 직장에서 다양한 경험을 쌓은 뒤 그러한 경험을 바탕으로 마흔 이후에 전문가적 자질을 갖춘 1인 기업가의 길 을 택하는 게 훨씬 안정적이지 않을까.

왜, 1인 기업가인가?

회사형 인간 VS. 1인 기업가

제리 코너Jerry Connor와 리 시어즈Lee Sears의 《회사형 인간》에 따르면, 회사형 인간이란 한마디로 회사가 원하는 틀에 자신을 구겨 넣다 자기 고유의 생명력을 상실한 인간형이다. 직장에서 살아남기 위해 끊임없이 자신과 타협하며 살아가는 인간형인 것이다.

반면 직장에 소속해 있더라도 직장 내에서 자신의 브랜드를 만들어내며 전문가로서 자기계발을 지속적으로 할 경우는 1인 기업가의 영역에 포함시킬 수 있을 것이다. 즉 어디에 있건 자신의 분야에서 전문성을 가지고 최고경영자적 마인드를 가지고 있다면 1인 기업가라고 할 수 있다.

직장에 소속해 있는 1인 기업가는 회사형 인간이 보이는 수직적 충성 관계에서 벗어나 조직 내에서 서로 파트너십 관계를 가지는 수평적 충성 관계를 지향한다. 직장에 맹목적으로 충성하는 조직형 인간이 아니라 직장도 중요하게 여기지만 자신의 비전과 꿈, 가족과의 관계, 행복 등을 중시하는 인간형이다.

다니엘 핑크는 "21세기에는 조직을 위해 일하는 '회사형 인간' 대신 원하는 일을 원하는 시간에 원하는 조건으로 일하는 프리에이전트가 노동의 중심에 설 것이다"라고 말한 바 있다. 일부 프리에이전트를 선택한 사람들 중에는 높은 연봉을 외면하고 오히려 작은 일에 만족하며 평범한 생활을 즐기는 이들도 있다. 즉 자신의 열정을 쏟아 부을 수 있는 일을 선택하며, 가족과 더 많은 시간을 보내기 위해 직장을 떠날 수도 있다는 것이다.

대부분의 직장인에게 직장은 탈출하고픈, 삶에 대한 열정을 증발시키는 사막이다. 미래에 대한 불확실성과 과중한 업무, 개성의 상실, 신물 나는 인간관계 등이 직장생활을 힘들게 만든다. 로또에 당첨되면 미련 없이 사직서를 던지겠다는 사람이 수두룩하지만, 현실에서 이들은 쉽게 직장을 떠나지 못한다. 그 이유는 준비가 되지 않았기 때문이기도 하지만 그보다는 열정이 식었기 때문이다. 대부분의 직장인에게 직장이라는 곳은 개인의 열정을 증발시키는 사막과 같기 때문이다. 열정만 가지고 있다면 누구나 1인 기업가 혹은 프리에이전트로 나설 수 있다.

한편 음식점이나 부동산중개소 등을 창업한 경우와 연예인이나 운동선수 등도 1인 기업가에 포함될 수 있다. 다만 이 책에서는 대부분 직장인이 '지식산업'에 종사하고 있다는 점을 고려해 지식과 정보, 콘텐츠를 상품으로 활용해 1인 기업가로 나선 프리에이전트의 사례를 중심으로 살펴보려 한다.

열정, 비전, 행복을 지향하는 1인 기업가

프리에이전트로 규정되는 1인 기업가는 기존의 '일과 연봉 중심'의 사고나 '지위 중심'의 사고에서 어느 정도 벗어나 있다. 개인의 꿈과 열정, 가족을 위해 직장이나 고위 공무원직조차 포기하는 경우도 외국에서는 흔히 일어나고 있다. 미국의 경우 가족과의 생활을 위해 장관직을 내던지는 이들도 있다. 물론 우리나라에서는 가족을 위해 일을 포기하는 사례는 아직 많지 않지만, 앞으로 이러한 경향이 점차 확산될 것으로 예상한다.

그런 점에서 프리에이전트의 사고 중심에는 우리 사회에 고착화된 조직문화에 반하는 혁신적 사고가 내재해 있다. 2007년 초에 프리랜서를 선언한 김성주 전 MBC 아나운서의 경우, 방송사에 사표를 제출한 뒤 얼마 안 돼 진행하던 방송 프로그램의 MC에서 밀려났다. 이는 조직이 가하는 '폭력'이 아닐 수 없다. 특히 조직 중심으로 노동력을 재생산하는 우리 사회는 여기에 무언의 동조를 보냈다. 노동자들 또한 침묵으로 동조했다. 이러한 폭력은 결국 노동자들에게 고스란히 돌아온다. 노동자들이 조직에 기대지 않으면 살아갈 수 없는 사회가 바로 노동자를 착취하는 산업사회의 구시대적 유물에 다름 아니기 때문이다. 어쩌면 김성주 아나운서는 구시대적 조직문화가 가하는 '이지메'의 마지막 희생자일는지 모른다.

현재 우리 사회는 지위나 타이틀의 거품을 거부하고 이를 걷어내려는 사회적 추세가 점차 확산되고 있다. 이는 전 세계적 추세이기도 하다. 우리나라는 그동안 대기업이라는 조직이 주는 아늑함과 그 속에서 고착화된 '지위 선호' 현상이 심한 편이었다. 그러나 이제는 일만 강요하는 대기업 부장이나 임원이라는 지위는 오히려 자신의 웰빙과 가족의 행복을 해치는 방해물로 간주되기도 한다.

올해부터 기업이나 CEO들이 부쩍 '행복'을 부르짖고 있다. 자신뿐 아니라 임직원들이 행복해질 수 있도록 노력하겠다는 것이다. 이른바 기업경영에서 '행복경영'이라는 트렌드가 본격화하고 있다. 이에 비추어 볼 때 앞으로는 자신의 건강과 웰빙 혹은 가족의 행복을 위해서라면 기꺼이 사회적 지위를 내던지는 '조직 파괴주의자'들이 많아질 것으로 예상해 볼 수 있다. '대기업도 더 이상 안정된 직장이 아니다'라는 의식이 전 세계적 현상으로 부각된 이상, 대기업에서 미래와 꿈을 좇는 '조직 지향형' 인간은 줄어들 수밖에 없다. 평생직장의 개념이 사라지고 능력별 인재경영이 자리 잡기 시작하면서 대기업은 더 이상 개인의 방패막이가 되어주지 못하기 때문이다. 지금까지 우리나라 기업문화를 이끌어 온 '조직 지향형 인간'과 '조직문화'는 이제 구시대적 유물로 사라지는 단계에 와 있는 것이다.

데이비드 앤드루시아는 《자신을 브랜드화하라Brand Yourself》에서 "자신의 분야에서 최고가 되려면 무조건 열심히 하는 것 이상의 그 무엇이 필요한데, 그것이 바로 자신을 브랜드화하는 전략이다"라고 말했다. 즉 자신만의 차별된 가치와 전문성으로 경쟁력을 갖추는 '나' 브랜드가 무엇보다 중요하다는 의미다. 이처럼 프리에이전트로 당당하게 살아가기 위해서는 무엇보다도 평범하고 흔해 빠진 상품으로는 안 통한다는 사실을 명심해야 한다. 자신만의 '독특한 상품' 없이는 1인 기업가로 홀로서기를 할 수 없다. 가령 탤런트나 영화배우의 경우 자신만의 독특한 매력을 소유하지 못하면 스타로 자리매김할 수 없음을 익히 알고 있을 것이다. 시장에서 통하는 독특한 상품, 즉 '나' 브랜드를 마련하기 위해서는 1인 기업가로 독립하기 이전에 충분한 준비기간과 함께 전문성을 축적해야 한다.

전통적인 기준으로 보자면 전문성을 축적하는 데 직장 경력이 필요하지만, 요즘과 같이 급변하는 지식정보사회에서는 직장 경력을 거치지 않고도 20, 30대에 자신만의 전문성을 터득한 지식노동자들이 속속 생겨나고 있다. 전문강사의 경우를 보면 40, 50대보다 20, 30대의 진출이 현저히 늘고 있다. 이는 그만큼 지식정보사회의 변동 속도가 빨라지고 있다는 반증이다. 또한 20대가 강세를 보이는 디지털 분야에서는 아예 20, 30대 전문가들의 독무대가 일반화되고 있다.

《세계의 노조World of Trade Union》에 따르면 현재 전 세계적으로 1인 기업을 운영하는 인구는 10억 명이며, 유럽 기업의 90퍼센트가 직원 수 10명 이하다. 또한 '노조의 종말'도 머지않았다고 한다. 노조에 가입할 조합원이 없기 때문이다. 우리나라도 급변하는 지식정보사회에 비춰볼 때 1인 기업가의 전성시대가 이미 도래했다고 할 수 있다.

이 책에서 소개하는 1인 기업가들은 어쩌면 아무도 가지 않은 길을 선택한 사람들에 해당할 것이다. 자신만의 전문성으로 승부를 건 이들은 '열정'이라는 단어를 떠올리게 한다. 이들은 처음부터 취직을 하지 않고 전문가의 길로 들어선 경우도 있고, 사업과 직장을 오가며 온갖 경험을 한 뒤 그 경력을 살려 전문가의 길로 들어선 경우도 있다. 또한 현재 직장에서 일하며 자신의 전문성을 살려 브랜드화하는 경우도 있다. 경우야 어떻든 간에 이들의 열정적인 모습이야말로 삶의 숭고함과 진정성을 느끼게 해주기에 충분하다.

이 책이 우리 모두가 청춘의 시절에 품었던 '세상을 바꾸겠다'는 포부를 다시 마음속에 되새겨 보게 하는 계기가 되기를 바란다.

'나' 브랜드로 성공한
한국의 1인 기업가들

연봉에 연연하지 마라, 그러면 세상을 얻을 것이다

자기경영 분야의 독보적 '지식 이노베이터' **공병호**
(공병호경영연구소 소장)

1인 기업가의 대표적 아이콘, '공병호 브랜드'

미국 명문대 경제학 박사, 연구위원, 연구원장, 벤처기업 대표 그리고 1인 기업가로 홀로서기….

공병호 박사(1960년생)는 대부분 박사학위자가 걸어온 길과는 다른 길을 걷고 있다. 그는 현재 우리나라에서 이른바 '자기경영' 분야의 독보적 존재이며, 특히 자타가 공인하는 '1인 기업가'의 아이콘으로 포지셔닝되고 있다. 이는 "대학교수라는 타이틀을 추구하지 않고 열정적으로 새로운 길을 추구했다"는 그의 말처럼, 박사학위에 안주하지 않고 끊임없이 자신의 가능성을 실험하는 도전정신이 있었기에 가능했다고 할 수 있다.

2001년 10월, 그는 벤처기업의 CEO 대신에 '공병호경영연구소'를 열고 미지의 길에 도전했다. 본인 스스로를 "난 원고 쓰고 강연하는 1인 기업가"라고 소개하는 공병호 박사는 벤처기업 사장을 거치며 월급쟁이는 더 이상 안 한다는 결심을 굳혔다고 한다. 그는 벤처기업의 CEO로도 충분히 여유 있게 살아갈 수 있었지만, 그건 '얽매여 있는 삶' 의 연장일 뿐이라고 판단하고 과감한 결단을 내렸다. 당장 가족을 부양하고 여유 있게 살아갈 수 있는 연봉은 보장되겠지만, 교수라는 길을 포기하면서까지 선택한 자신의 도전정신과는 거리가 있는 삶이었기 때문이다. 앞날은 불투명했고 아무것도 잡히는 게 없었지만 공병호 박사는 1인 기업가라는 새로운 도전에 나섰다.

그는 이때 한 가지 다짐을 했다. 멸치 사업을 하시던 아버지 덕분에 일찍이 자본주의의 치열함을 보고 자란 공 박사는 흔히 지식인들이 빠지기 쉬운 낭만주의나 이상주의의 길은 절대 가지 않겠다고 다짐한 것이다. 1인 기업가는 자본주의라는 냉혹한 시장에서 더욱 처절하게 승부하여 인정을 받아야 하기 때문이다.

공 박사는 자신이 CEO 자리를 타의 반 그만둔 것이 어쩌면 자기 인생에서의 '터닝 포인트' 라고 말한다. 그가 몸담고 있는 회사가 매각되면서 CEO 자리에서 물러날 수밖에 없었던 상황이 전화위복이 된 셈이다. 누구에게나 그렇겠지만 변화는 늘 두려움이나 불안감과 함께 다가오기 마련이다. '이제 어떻게 해야 하나', '이제 어떻게 살아가야 하나' 같은 막연한 질문들이 머릿속을 가득 채우고 있을 때, 그는 인생의 시야를 좀 더 확장해 보기로 했다. 이때의 심경을 그는 다음과 같이 털어놓는다.

"만일 '1인 기업가'로 홀로서기를 감행하지 않았다면, 또 다른 조직의 책임을 지는 사람이 되었을 것입니다. 그렇다면 어떤 모습일까요? 물론 천성이 부지런하고 다부지기 때문에 지금과 다른 자리에 있을지라도 웬만큼 선전했겠죠. 하지만 지금보다 더 행복할 수 있었을까, 하는 질문을 던진다면 '그렇다'는 답을 선뜻 할 수는 없을 것 같습니다. 왜냐하면 '터닝 포인트'를 맞았을 때 세상이 요구하는 쪽을 향하여 한발 내딛기로 결심한 것이 아니라, 내면의 목소리에 충실하게 결정했기 때문입니다."

그는 "누구에게나 터닝 포인트를 통과할 즈음이면 아무것도 확실한 것은 없다. 만일 무엇인가 확실하다면 그것은 터닝 포인트라 부를 수 없을 것이다"라고 말한다. 터닝 포인트 통과를 앞둔 시점이나 통과를 단행하는 동안, 사람들은 불안해하고 혼란 속에 빠져 들어간다. 그렇기 때문에 확실하고 안정된 것을 선호하는 사람들은 터닝 포인트를 애써 외면해 버리고 익숙한 것에 머물러 있기를 원한다. 이에 대해서 공병호 박사는 "그러나 잘 아는 것과 익숙한 것에만 머물러 있기를 원한다면, 그만큼 발전이나 성장을 기대할 수 없을 것"이라고 강조한다.

그는 "터닝 포인트를 통과해서 불확실성을 견뎌내고 자신이 추구하는 목적지에 가까이 다가서는 경험을 한두 번 쌓아가면서 우리는 야무지고 다부진 인물로 거듭날 수 있다"면서, "정말 명품급 인재는 성공적인 터닝 포인트를 축적하면서 만들어진다"고 말한다.

1인 기업가로 나선 공 박사는 첫 승부수로 '자기경영'이라는 키워드를 내세웠다. 이는 외환위기 이후 더욱 치열해진 생존경쟁에서 간

절히 필요한 덕목이기에, 그간 자신이 추구해 온 자기경영을 사람들에게 전하고 싶었다. 그는 치밀한 시장조사와 준비를 통해 시장성이 충분하리라는 판단을 내렸다. 1인 기업가로 홀로서기의 근거지가 될 연구소를 열기 전 두 달간 공병호 박사는 중국, 미국, 대만, 말레이시아를 돌아보면서 1인 기업가로서 자신의 청사진을 마련했다. 즉 미국의 피터 드러커, 일본의 오마에 겐이치, 프랑스의 자크 아탈리와 기소르망 등을 벤치마킹하되, 경영과 경제 전반에 걸친 대중적인 글쓰기와 아울러 강연, 기고, 방송, 경영 컨설팅 등 새로운 영역을 개척해 나가기로 한 것이다.

공 박사가 1인 기업가로 홀로서기를 한 지 6년째. 그는 그 사이 60여 권의 책을 내는 등 자신의 계획을 본격적으로 실행에 옮기며 1인 기업가로서 확실한 자리매김을 했다. 그는 매년 다섯 권의 책을 쓰고 300회의 강연을 하며, 매일 한 건씩 원고를 기고하는 등 일반인이 상상할 수 없을 정도로 왕성한 활동을 하고 있다. 공 박사는 '집필의 달인'이라는 평을 들을 정도로 책을 많이 내는 것으로도 유명하다. 그는 그 비결로 '집중력'과 '규칙적인 집필 습관'을 꼽는다. 이에 대해 공 박사는 "저는 집중력이 꽤 강한 편이죠. 시간이 아주 조금만 있어도 많은 일을 처리할 수 있습니다. 책을 집필하는 시간도 매우 규칙적인 편입니다. 매일 새벽에 일어나 아침까지 집중적으로 글을 씁니다"라고 말한다.

잠자리를 박차고 일어나라.

새벽 시간을 잘 활용하면 인생은 다른 세상으로 펼쳐질 것이다.

처음엔 다소 무리가 따르겠지만 참고 기다려라.

그대는 새벽 세 시간을 얻으면 또 하나의 인생을 가질 수 있다.

다만 자기 전에 너무 많은 고민을 안고 있지 마라.

자기 전의 고민은 수면을 방해할 뿐 문제 해결에 도움이 되지 않는다.

잠을 완벽하게 자고 난 뒤 새벽에

의외로 좋은 생각이 떠오르는 수도 있다.

이는 실용적인 처세술에 대한 방대한 저술을 남긴 발타자르 그라시안의 조언이다. 17세기 스페인의 수도사 발타자르는 예수파 신부이며 스페인 국왕의 정치 고문이었다. 우리나라에도 《성공하려면 신처럼 혹은 야수처럼 살아라》라는 그의 책이 소개되기도 했다. 그가 "새벽 세 시간을 얻으면 또 하나의 인생을 가질 수 있다"고 말한 것처럼, 공 박사도 새벽형 인간으로 잘 알려져 있다. 공 박사는 발타자르의 조언처럼 새벽에 일어나 새벽 세 시간을 집필에 몰두함으로써 성공가도를 달리고 있는 셈이다.

기업가 정신, '나' 브랜드, 상품성으로 공략하라

공 박사에게서 우리는 요즘 직장인들에게 가장 요구되는 덕목 중 하나인 글쓰기의 멘토링을 받아봄직하다. 그는 마치 공장에서 상품을 만들 듯 책을 낸다는 비판을 듣기도 하지만, 글쓰기를 일종의 지적 유희로 즐긴다고 한다. 다작의 원천에 대해 그는 "많이 읽고, 많이 쓰고,

많이 생각한다"면서, "세상 모든 일에 궁금증을 갖고 있으면 좋은 글을 쓰기 위한 기반을 다질 수 있다"고 말한다.

공 박사는 모든 것을 철저하게 시장 중심으로 접근한다. 그래서 글도 가능한 한 쉽게 쓰려고 노력한다. 어려운 경제 이론을 아무리 늘어놓아 봐야 정작 독자들이 이해하지 못하면 아무 소용이 없기 때문이다. 그는 때로 글쓰기가 잘 안 되더라도 '일단 쓰고 보자'는 식으로 일을 진행시킨다. 한 장 두 장 쓰다 보면 글문이 트인다는 것을 그는 경험적으로 터득했기 때문이다. 글감이 잘 떠오르지 않는다고 한두 번 손을 놓다가는 글쓰기 감각을 잃어버리기 십상이라는 것이다. 글감이 잘 떠오르지 않을 경우 가벼운 글부터 써내려가다 보면 이내 감각을 회복하고 좋은 아이디어가 쏟아져 나온다고 그는 말한다. 글을 잘 써야겠다는 강박관념을 가지면 오히려 더 안 써진다는 것이다.

그는 직장인들에게 비즈니스 글쓰기 훈련으로 원고지 10장을 메우는 것부터 시작하면 도움이 된다고 말한다. 또한 카페나 미니홈피, 블로그를 활용해 매일 자신의 생각이나 신문 기사 등에 대한 의견을 기록하는 것이야말로 가장 훌륭한 글쓰기 훈련이라고 조언한다. 공 박사는 여기에 덧붙여 좋은 글쓰기를 위해서는 반드시 책을 많이 읽어야 한다고 강조한다. 그 역시 좋은 글쓰기의 원천이 바로 다양한 '독서'에 있다면서, "읽고 쓰는 것은 동전의 양면입니다. 책을 읽으면 정보도 얻지만 자신의 의견을 가꾸어 나갈 수 있습니다. 자신만의 생각이나 의견이야말로 책을 쓸 때 가장 중요한 요소입니다"라고 말한다.

그는 이렇게 해서 실용적인 독서와 관련된 책을 잇달아 내 베스트셀러를 탄생시켰다. 《공병호의 독서노트》를 비롯해 《핵심만 골라 읽는 실용 독서의 기술》 등에서 공 박사는 글쓰기에 필요한 독서의 중요성을 강조했다. 그는 '잘 쓰고 싶다면 많이 읽어라' 라는 명제에 충실하면서, "주제를 갖고 생각을 정리하는 습관을 가져야 한다"고 강조한다.

2년 전에 만든 '자기경영아카데미' 는 성인과 초·중·고등학생까지 확대했지만, 공 박사 혼자서 강의를 하며 꾸려가고 있다. 또한 대외적으로는 사외이사 등의 직함도 가지고 있어 '1인 다역' 의 1인 기업가인 셈이다.

공 박사는 '감성으로 파고드는 경제학자' 라는 평가와 함께 가장 시장 지향적인 1인 기업가로 통하고 있다. 그가 추구하는 인간형은 어느 분야에도 능통한 '르네상스인' 이다. 그는 "1인 기업가로 성공했지만 아직 시작 단계에 불과하다"면서, "앞으로도 늘 초심을 유지하면서 지식 이노베이터로서의 역할을 다하고 싶다"고 말한다.

공 박사는 자신이 1인 기업가이지만 프리랜서와는 차이가 있다면서, "1인 기업가는 프리랜서에게는 없는 기업가 정신, '나' 브랜드, 자신만의 고유한 상품을 갖고 있다. 또한 1인 기업가는 막연히 회사에서 뛰쳐나와 자신의 전문 직종을 찾는 사람이 아니라, 자신의 전문성을 바탕으로 준비된 길을 가고 있는 직업인이며 자신이 서 있는 자리에서 자기 삶의 권리를 찾는 사람이라고 할 수 있다"라고 설명한다.

그는 "1인 기업가로 나설 때는 억대 연봉이 눈에 아른거려 결심이 흔들리기도 했다"면서, "만약에 그때 억대 연봉의 유혹에서 벗어나지 못했다면 아직도 이곳저곳 CEO로 전전하는 인생을 살고 있을 것"이라고 회고했다. 결국 그는 억대 연봉의 유혹을 물리쳐 지금은 대기업의 CEO도 부럽지 않다고 한다. 그의 현재 수익모델은 강연료와 인세, 수강료(아카데미 교육 프로그램) 등인데, 매출 30억 원 정도의 안정된 회사가 벌어들이는 순이익을 내고 있다고 한다.

1인 기업가를 꿈꾸는 직장인을 위한 공병호 박사의 조언

✓ 직장에 있을 때는 최선을 다해 사내 전문가가 되라.

✓ 직장을 떠나면 무엇을 하며 살아갈지 '인생 2막'의 목표를 찾아라.

✓ 평생 '자기계발'을 멈추지 마라.

✓ 항상 열린 자세로 변화에 대응하라.

✓ 이상을 좇지 말고 '마켓(시장)'을 추구하라.

✓ 성공하려거든 새벽 시간을 반드시 활용하라.

✓ 항상 독서하고, 생각하고, 글을 써라.

일, 비전 그리고 멘토링…

사람들은 흔히 '꿈은 이루어진다' 고 말합니다. 하지만 저는 그렇게 생각하지 않습니다. 마냥 기다린다고 해서 꿈이 이루어질 수 있겠습니까? 저는 꿈은 '이루어 내는 것이다' 라고 말하고 싶습니다. 존 록펠러 3세는 이런 이야기를 했습니다.

"행복으로 가는 길에는 두 가지 간단한 원칙이 있다. 첫째, 내 흥미를 끄는 것이 무엇인지, 잘할 수 있는 게 무엇인지 찾아낸다. 그런 다음에 내 모든 것을 쏟아 붓는다. 내가 가진 힘과 소망과 능력을 모두 다!"

저는 좀 부족한 상태에서 출발해서 하나하나 자신의 손으로 만들어 가는 삶, 그것이 바로 올바른 삶의 자세라고 생각합니다. 또한 인생도 스스로 경영해 나가야 한다고 생각합니다. 누구든 경영 마인드를 갖고 인생을 살아가야 합니다. 자신의 목표를 세우고, 전략을 마련해서 하나하나 계획에 따라 인생을 살아가는 것이 중요합니다. 인생이 늘 뜻한 대로, 계획대로 되는 것은 아닐 것입니다. 그러나 역경과 좌절의 순간이 왔을 때, 그것조차도 기회라고 생각할 수 있습니다.

자기 자신을 1인 기업가로 변모시켜 나가는 일은 바로 자신에게 달려 있습니다. 머릿속에 머무는 꿈은 그냥 꿈일 뿐이죠. 누구나 꿈을 꿀 수는 있지만 그것을 이루어 내는 사람은 소수에 불과합니다. 직장에서 주는 연봉에 얽매여 있다면 결코 그 이상은 누릴 수 없는 것입니다.

먼 훗날 자신의 지난 세월에 후회가 없다고 자신 있게 이야기할 수 있도록 인생이라는 화폭 위에 자신만의 그림을 마음껏 그릴 수 있기를 기원합니다.

공 / 병 / 호

브랜드의 진화 미국 라이스대 경제학 박사(1987년) → 국토개발연구원을 거쳐 한국경제연구원 산업연구실장 → 자유기업센터 소장 → 2000년 인티즌 대표이사 → 41세인 2001년 10월, 억대 연봉의 유혹을 뿌리치고 1인 기업가로 새 출발(공병호경제연구소 소장).

자본금 나Me

대표적 생산품 '자기경영'에서 영역을 확장 중.

인생의 터닝 포인트 '인티즌' 대표이사를 그만둔 것. 'CEO'를 직업으로 택할 것인가의 기로에서 '1인 기업가'를 택함.

수입원 포트폴리오 아카데미 프로그램 교육 + 강연 + 인세 + 칼럼 등 = 연 30억 원 매출 규모의 중소기업에 해당하는 순이익.

글로벌 커리어를 갖춰
스페셜리스트로 변신하라

맥킨지를 떠나 독립 컨설턴트로 글로벌 무대에서 활동하는 **조세미**
(인재전략 컨설턴트, 커리어 코치)

인재전쟁 시대, 글로벌 마인드로 승부하라

여성이 사회경제적 삶의 주체가 됨에 따라 여성도 남성 못지않게 1인 기업가로서 삶을 성공적으로 꾸려가고 있다. 더욱이 결혼조차 하지 않는 직장여성을 가리키는 '골드미스' 라는 신조어까지 등장하고 있다. 이는 한국적 상황일 뿐 아니라 이미 글로벌 트렌드로 확산되고 있는 추세다. 특히 맥킨지 등 글로벌 컨설팅회사에서 전문성을 쌓은 여성 경력사원들이 1인 기업가로 독립하는 경향은 어제오늘의 일이 아니다.

글로벌 컨설팅회사에서 1인 기업가로 독립하는 이들 중에는 맥킨지 컨설턴트 출신들이 많다. 그 이유는 맥킨지의 경영 컨설팅 기법이 철저하게 비밀에 싸여 있기 때문이다. 독립 컨설턴트로 활약하는 이들 가운데 맥킨지 출신이 많은 것도 이러한 때문이다. 그래서 맥킨지 컨설턴트로 활동한 뒤 경영 비법을 책으로 내는 컨설턴트가 많다. 우리나라에도 널리 알려진 오마에 겐이치 역시 맥킨지의 일본 지사인 맥킨지 재팬의 전 회장이었는데, 현재 국제 경영 컨설턴트로서 비즈니스 문제에 관한 한 뛰어난 권위자 중 한 사람으로 유명하다.

역시 전직 맥킨지 컨설턴트인 사이토 요시노리는 《맥킨지식 사고와 기술》에서 맥킨지식 문제 해결의 가장 기본적 사고인 '제로베이스 사고'와 '가설 사고'를 설명한다. 제로베이스 사고는 기존 관념에서 벗어나 생각하는 것이며, 가설 사고란 시간과 정보가 한정적이더라도 문제 발생 시점에서 결론을 갖고 실행에 옮기는 것이다. 사이토는 이 두 가지 사고가 경제 환경에서 승리하기 위한 기본 조건임을 강조한다.

영국에서 2002년부터 1인 기업가로서 인재전략 컨설턴트 및 커리어 코치로 활동하고 있는 조세미 씨(1966년생). 그녀는 맥킨지 등 세계적인 컨설팅회사에서 쌓은 전문성을 바탕으로 독립 컨설턴트로 일하며 글로벌 무대에서 활동하고 있다. 한국의 주요 기업 및 전 세계 선두 기업들을 대상으로 조세미 씨는 임원급 이상 핵심인재들의 리더십계발 및 기업 내 다양성과 문화에 관한 코칭을 펼치고 있다.

조세미 씨는 "영국에서도 경력을 쌓은 전문인들이 자기 분야의 1인 기업가로 독립하여 좀 더 자율적인 환경에서 일하려는 경향이 늘고 있고, 기업 측에서도 각 분야를 아웃소싱하는 추세여서 이런 비즈니스를 이용하는 예가 증가하고 있다"고 전한다.

솔로 전문 컨설턴트들을 글로벌 네트워크로 엮어주는 회사들(e-connect 외)도 생겨나는 추세다. 1인 기업가의 단점인 네트워크를 보완하기 위해 1인 기업가를 클라이언트와 연결해 주고 프로젝트 매니지먼트를 대신 해주는 전문 중간 업체들이 각광받고 있다. 이런 조직을 통해 1인 기업가는 큰 조직을 떠남으로써 느끼는 고립감을 줄이고, 자신과 비슷한 사람들과의 글로벌 네트워크를 활용할 수 있다.

조세미 씨는 이화여대를 졸업한 뒤 미국 USC에서 조직경영·전략을 전공해 MBA를 마쳤다. 그가 글로벌 커리어를 쌓게 된 계기는 MBA를 마친 뒤 1995년에 싱가포르로 첫 직장을 선택하면서부터다. 그는 첫 직장을 사서 고생하는, 즉 남들이 '가지 않은 길'을 선택했다. 세계적인 컨설팅기업인 부즈 알렌&해밀턴(1995~97년)에서 직장 생활을 시작해 맥킨지(1997~2000년), 하이드릭&스트러글스(2001~2002년)로 이어졌다. 그 과정에서 그녀는 인도네시아, 태국, 싱가포르 등 동남아시아 정부 기업들의 조직전략 혁신과 시스템 구축 프로젝트 진행했다. 이어 유럽 등 글로벌 기업들의 인재전략 컨설팅을 담당하면서 그녀는 세계적 기업들이 원하는 글로벌 인재의 조건에 대한 남다른 노하우와 전략을 갖추었다.

조세미 씨는 하버드대학을 비롯해 MIT, 스탠퍼드대, 옥스퍼드대, 캠브리지대, 런던정치경제대학 등 전 세계 명문대학에 포진한 한국인 인재 발굴을 위해 맥킨지 워크숍을 주최했다. IMF 당시 맥킨지와 한국 인재들을 연결하는 중책을 담당하기도 했다. 이어 맥킨지의 실리콘밸리와 런던, 서울 사무소에서 조직전략 및 리더십 전문 컨설턴트로 일하며 전 세계 기업들의 인재전략 바이블이자 세계적인 베스트셀러 《인재전쟁The War for Talent》의 기반이 된 '맥킨지 인재전쟁 프로젝트'의 유일한 한국인 컨설턴트로 활동했다.

맥킨지는 27개 초일류 기업과의 5년에 걸친 공동 연구 및 200여 기업에 대한 설문조사를 토대로 '인재전쟁'이라는 개념을 만들었다. 기업들은 1960년대 '마케팅전쟁', 1980년대 '품질전쟁'을 지나 '인재전쟁'의 시대에 접어들었다는 것이다. 즉 이제는 규모와 시스템의 싸움이 아니라 '창의성'이 기업의 성패를 좌우하며, 정보화사회로 인해 지식근로자가 중요해졌다. 또한 고용 유연화로 인해 유능한 인재들이 회사를 자주 옮겨 다니는 상황에서 조직과 시스템을 움직일 수 있는 유능한 인재를 확보하는 것이야말로 기업의 가장 중요한 화두로 자리 잡았다.

경쟁력 있는 상품과 서비스를 준비하라

조세미 씨의 인재전략 컨설팅은 경쟁이 점점 치열해지는 21세기의 기업과 조직이 그들의 가장 중요한 인적자산Human Capital을 비즈니스의 성공을 위한 핵심전략으로 다루고자 하는 필요에서 비롯한다. 기업과 조직이 인재를 다루는 전반적인 분야, 즉 어떻게 인재를 선발하고 그들의 능력을 개발할 것인가, 그리고 조직 내에서 끊임없이 자기 발전의 자극과 만족을 느끼도록 분위기를 조성함으로써 최고의 인재들을 지킬 수 있는 방법은 무엇인가에 관한 쟁점들을 연구하고 조언하는 일이다.

그녀는 인재전략 컨설턴트가 된 직접적인 이유로 "인사가 만사라는 개인적 신념 때문"이라고 말한다. 즉 21세기 기업들은 인사Human Resources 분야가 단순히 필요할 때 사람을 뽑고 월급을 주고 가끔 정기적인 사내 교육을 하는 '후선지원업무Back Office' 의 테두리를 벗어나 인재에 관한 쟁점을 비즈니스의 핵심전략으로 다루는 '인재경영Talent Management' 으로 승부해야 하며, 또한 그렇게 변해가고 있다는 판단 아래 이 분야에 뛰어들었다는 것이다.

자신의 인생에서 가장 중요한 터닝 포인트로 조세미 씨는 MBA를 마친 뒤 생면부지인 싱가포르로 첫 직장을 선택했던 때를 든다. 이것이 그녀가 글로벌 커리어를 쌓게 된 계기인 셈이다. 첫 직장으로 '오르기 힘든 나무' 인 세계적 컨설팅기업을 선택한 것, 그리고 홈그라운드로 돌아가서 편한 직장생활을 하기보다는 한국인으로서 세계적으로 인정받는 글로벌 인재가 되기 위해 자신에게 어떤 투자를 해야 할지를 생각하며 '가지 않은 길' 을 선택한 것이 자신에게 가장 중요한 터닝 포인트가 되었다고 조세미 씨는 말한다.

조세미 씨가 솔로 컨설턴트로 독립한 데는 몇 가지 이유가 있다. 컨설턴트로 어느 한 분야에서 전문성을 쌓다 보면 나름대로 전문 브랜드를 갖게 되고, 그 분야의 도움을 필요로 하는 클라이언트들로부터 어드바이스를 요청받는 경우가 많으므로 자연스럽게 독립을 생각한 것이다. 또 다른 이유로는 가정을 들 수 있다. 즉 가정을 이루어 아이들이 키우다 보니 출장이 잦은 라이프스타일을 유지하기가 무리였다. 남편의 직장도 글로벌 기업이다 보니 여러 도시에 옮겨 다니며 살았는데, 이런 모든 개인적인 요구들을 희생하거나 무시하지 않고 자신의 커리어를 살릴 수 있는 자연스런 선택이 바로 독립이었다고 한다.

조세미 씨는 그러나 "풍부한 경험 없이 빈약한 상품product으로 성급하게 프리랜서로 뛰어드는 것은 자칫 인생 전체를 악순환에 빠뜨릴 우려가 있다"고 조언한다. 즉 자신의 브랜드를 확고히 하고, 고객이 컨설팅을 요청하는 '수요-공급의 관계'가 자연스럽게 형성될 때쯤을 독립 시점으로 잡아도 늦지 않다는 것이다. 특히 그녀는 "솔로로 독립할 경우 대기업의 한 조직원으로 있을 때와는 많은 차이가 있음을 잊어서는 안 된다"고 강조한다. 즉 대기업이라는 조직은 개인의 위험을 어느 정도 막아주는 안전장치와 같은데, 이 장치가 없다면 바람이 불어도 기댈 언덕이 없기 때문이다.

제너럴리스트를 거쳐 스페셜리스트로 거듭나라

조세미 씨는 직장을 탈출해 1인 기업가를 꿈꾼다면 우선 직장생활 초반에는 다양한 분야에서 경험을 쌓는 제너럴리스트generalist로, 경력이 높아질수록 전문 분야에서 경력과 브랜드를 만들어 가는 스페셜리스트specialist로서 자신을 관리해 나가는 것이 중요하다고 조언한다.

1인 기업가의 조건에 대해 그녀는 전문성, 상품성(시장 경쟁력), 도전 정신을 꼽았다. 또한 창업가의 마음가짐과 자세 없이는 솔로의 길이 더 어려울 수도 있다고 말한다. 그녀는 1인 기업가로 독립하기 위해서는 '전문성'을 쌓는 것이 가장 중요하다고 강조한다. 한마디로 알

찬 상품을 먼저 개발한 다음에 시장에 나서야지, 그냥 무턱대고 시장에 뛰어들면 치열한 경쟁 속에서 금방 뒤처지고 도태되어 버린다는 것이다. 그리고 무엇보다 자신만의 '독특한 상품'을 준비하는 것이 중요하다고 말한다.

"자신이 관심 있는 분야에서 폭넓은 경험과 깊이 있는 전문 지식을 쌓는 것이 우선이 되어야 하겠지요. 또한 자신의 시장성이 무엇인지 확실히 알아야 합니다. 저의 경우 글로벌 커리어를 필요로 하는 기업들이 바로 저의 시장입니다. 시장의 충분한 수요가 있고, 자신의 전문 분야에서 확실한 서비스를 공급하는 것이 가능하다면 도전해 볼 만하지요."

즉 자신의 상품이나 서비스가 남들과 차별되는 경쟁력을 갖는 근본적인 이유를 먼저 고려하고, 여기에 강점이 있다고 판단될 때 독립을 결행해야 한다는 것이다.

조세미 씨는 글로벌 인재가 되기 위해서는 영어 실력도 중요하지만 우리나라 학생들처럼 토익점수 같은 데 지나치게 치중하다 보면 자칫 중요한 것을 놓칠 수 있다고 지적한다. 즉 글로벌 경쟁력을 키우는 데 바탕이 되는 창의력과 독립적이고 논리적인 사고력, 다양성과 포용력을 중시하는 리더로서의 능력을 놓칠 우려가 있다는 것이다. 그녀는 "토익점수 같은 '하드 스킬Hard Skill'이 기본적으로 요구되긴 하지만, 여기에 치우치다 보면 정작 중요한 창의적 사고와 같은 '소프트 스킬 Soft Skill'을 놓칠 위험이 있다"고 지적한다.

조세미 씨는 "한국의 교육제도는 뭐든지 점수로 남과 비교되는 하드 스킬에만 치중하는데, 소프트 스킬의 중요성에 대한 인식조차 없을 정도다. 한국에서는 소프트 스킬들을 어떻게 키우는지에 대해 전혀 대책이 없는 경우가 많다"면서, "그러나 21세기 비즈니스 세계는 소프트 스킬의 탁월함이 승부의 차이를 보여준다"고 창의성에 더 치중할 것을 조언한다.

나아가 조세미 씨는 《포브스》나 삼성경제연구소 등에 따르면 기업에서 원하는 인재는 인간관계 능력이 뛰어난 사람이며, 글로벌 인재의 핵심전략 가운데 문제 해결 능력이나 창의력 및 인간관계 능력에 큰 비중을 두고 있다고 강조한다. 그녀는 소프트 스킬에서 가장 중요하다고 꼽을 수 있는 것이 바로 '피플 스킬People Skill'이라고 말한다.

"흔히 인간관계가 좋다는 것이 아는 사람 많고 무난한 성격의 소유자를 말하는 것으로 단순 해석되는 경우가 있습니다. 하지만 여기서 말하는 피플 스킬은 조직에서 논리적인 설득으로 사람들을 이끌 수 있는 리더십, 부하직원이 자신의 가능성을 최대한 개발해 낼 수 있도록 도와주는 멘토로서의 능력, 그리고 팀원으로서 최선을 다하는 조직력 등 조직에 가치를 부여하는 많은 분야의 능력을 포함합니다. 직장생활 초기에는 문제 해결 능력과 창의력을 키우는 데 치중하고, 경력이 높아질수록 리더로서 피플 스킬을 키우는 데 좀 더 노력하면서 업무 능력의 밸런스를 이루어야 합니다."

조세미 씨는 창의력을 강화하기 위해 '생각도 할 수 없는 일unthinkable'을 고안해 내는 자신만의 학습법을 만들 것을 주문한다.

"우선 '족보'에 의존하는 우리의 타성을 버려야 합니다. 전통적인 정답을 외우려고 하지 말고, 나름대로 생각하고 고민해 보는 독립적인 사고가 첫째 조건입니다. 제가 듣기로 논술도 만점을 받기 위해 족집게 과외를 한다는데, 그런 식으로 높은 점수를 받을 수 있을지는 몰라도 날마다 변하는 예상치 못할 실제상황 속에서는 별로 도움이 되지 못할 것입니다. 아무리 훌륭한 오늘의 정답도 내일의 정답이 되지 못할 수도 있을 만큼 빠르게 변해가는 것이 현실입니다. 정답을 알고 있다 해도 왜 그것이 최선의 방법인지, 정말 다른 길은 없는지를 고민해 보지 않는다면 창의적이고 발전적인 해답이 나올 수 없으니까요."

조세미 씨는 우리나라 대졸 구직자들이 대부분 대기업 위주로 취업을 준비하고 있는 데서 시선을 확대해 다른 구직의 길도 두드려 볼 것을 권한다. 그녀는 "요즘은 대기업보다 공무원이 더 인기가 좋다고 들었다"면서, "우리나라는 너무 획일적인 가치관이 지배적이어서 모두들 이것이 좋다고 하면 다 그곳으로 몰리는 경향이 있다"고 꼬집었다. 모두들 공무원에 몰리기 때문에 경쟁이 그렇게 치열할 수밖에 없다는 것이다. 이에 대해 그녀는 "남들이 어떻게 평가하는가보다는 내가 원하는 것이 무엇인지를 먼저 찾으라고 권하고 싶다. 그리고 그런 선택들이 높이 평가되는, 다양성을 존중하는 사회가 되어야 우리 인재들이 자신 있게 자기 길을 갈 수 있다"라고 조언한다.

그녀는 유학 후 한국으로 돌아오기보다는 당시 아시아시장에 관심이 있는 글로벌 기업을 택해 싱가포르로 갔다. 물론 글로벌 경쟁이라는 낯설고 새로운 도전이 있었지만, 오히려 그녀는 한국에 돌아왔다면 해보지 못했을 새로운 기회를 얻었다. 그녀는 "10년이 지난 지금 베트남 등 아시아시장은 갈수록 뜨거워지고 있다"면서, "영어 때문에 기죽을 것 없이 밖으로 눈을 돌리라고 권하고 싶다"고 취업전선에서 지친 젊은이들에게 조언했다.

조세미 씨는 향후 계획과 목표에 대해서 "아이들이 좀 더 크고 개인적인 상황이 허락한다면, 다시 글로벌 기업의 현장이나 인재전략의 중요성과 나의 경험을 필요로 하는 조직에서 일하고 싶다"고 말한다. 인생은 커리어와 가족, 자신의 가치관 중 어느 하나를 선택하고 다른 나머지를 희생하기보다는 상황에 맞게 우선순위를 정하며 밸런스를 이룰 수 있다는 것이다. 나아가 그녀는 "커리어나 인생에서 추구하는 성취는 항상 '나눔'을 위한 것이어야 한다는 믿음을 바탕으로 앞으로도 멈추지 않고 열심히 노력하겠다"고 말한다.

일, 비전 그리고 멘토링…

인재전략은 점점 경쟁이 치열해지는 21세기의 기업과 조직이 그들의 가장 중요한 인적자산을 비즈니스 성공을 위한 핵심전략으로 다루고자 하는 노력을 말합니다. 이는 인재를 다루는 전반적인 분야, 즉 어떻게 인재를 선발하고 그들의 능력을 개발하며 또한 조직 내에서 지속적으로 자기 발전의 자극과 만족을 느낄 수 있는 분위기를 조성함으로써 최고의 인재들을 지킬 수 있는가에 관한 쟁점들을 연구하고 기업에 조언하는 일입니다.

요즘 우리나라 신문에서 직장여성들이 회사에서 살아남기 위해 출산 계획을 미루거나 아예 포기한다는 기사를 자주 접합니다. 우리나라 여성 인력들이 결혼과 함께 아까운 능력을 포기하거나 아니면 반대로 인생에서 더 중요한 엄마로서의 기회를 포기하는 극단적인 양자 선택을 하지 않고도 자신의 가치를 최대한 살릴 수 있는 기회가 사회 전반에 만들어져야 한다고 봅니다. 전문 프리랜서로 일할 수 있는 기회 말입니다. 여성 인력들뿐 아니라 은퇴한 노인들에게 그들의 경험과 전문성을 살린 프리랜서 컨설턴트로 일할 수 있는 기회가 주어진다면, 우리나라의 최고 자산인 인재들을 낭비 없이 최대한 활용할 수 있으리라 생각합니다.

다양성을 중시하는 조직문화가 글로벌 경영의 대세입니다. 언제나 '왜?', '어떻게?' 라는 질문을 스스로에게 던지는 사람, 그리고 그 해답을 얻기 위해 아무도 가지 않은 길을 향해 도전의 발걸음을 내디딜 수 있는 사람을 글로벌 인재의 요건으로 꼽을 수 있을 것입니다. 고생이 되겠지만 글로벌 인재에 도전해 꿈을 이루시기 바랍니다.

조/세/미

브랜드의 진화   미국 유학 후 1995년 부즈 알렌 & 해밀턴 근무(싱가포르) → 맥킨지 → 하이드릭 & 스트러글스 → 2002년 인재전략 컨설턴트로 독립.

자본금   스페셜리스트.

대표적 생산품   인재전략 컨설팅.

인생의 터닝 포인트   회사 근무지(국가)가 자주 바뀌는 데 따라 아이들 교육을 위해 독립.

수입원 포트폴리오   두 딸과 행복하게 살 정도로 충분(남편 연봉은 따로).

1인 기업가로서의 신조   항상 '나눔'을 생각하자.

평생직장이 아니라
평생직업을 선택하라

국내 처음으로 과학저술가에 도전장을 낸 '과학계의 호메이니' **이인식**
(이인식과학문화연구소 소장)

국내 최초의 과학저술가

직업을 새로 만드는 사람이 있다면 그는 분명 프런티어 정신으로 무
장한 사람일 것이다. 기존에 있던 직업도 사라지는 세상에 없던 직업
을 새로 만든다는 것이 결코 쉬운 일은 아니기 때문이다. 국내 대기업
임원 자리를 박차고 나와 일상생활과 접목한 과학 칼럼을 쓰면서 생
계를 꾸려온 이가 있다. 그에게 '과학저술가' 라는 타이틀을 붙여주어
도 아무런 손색이 없다. 오히려 그것으로도 모자라는 것 같다. 그가
바로 1995년부터 과학문화연구소를 이끌고 있는 이인식 소장(1945년
생)이다. 그는 자신을 이렇게 소개한다.

"1971년부터 정보통신업계에서 20년간 종사하며 반도체, 컴퓨터, 전자교환기 등 첨단산업의 기획·개발·제조·마케팅과 경영 전반에 걸쳐 관리 능력을 축적했고, 1992년부터 과학저술가로서 과학기술 저널리즘 활동을 펼치는 가운데 2000년부터 정부의 과학기술자문회 위원으로서 과학기술문화정책 수립에 참여해 오고 있습니다."

과학저술가는 아직도 대중적으로 생소한 직업이다. 굳이 직업군의 리스트에 올릴 만큼 종사자가 많은 것도 아니다. 국내에서도 손가락을 꼽을 정도다. 그렇지만 과학저술가의 영역은 그리 만만한 자리가 아니다. 김영사 김윤경 편집장은 "한국 과학출판 최초의 브랜드 마케팅 저자"라는 타이틀로 이인식 소장을 소개하는데, 이는 과학저술가의 자리가 얼마나 중요한지를 알게 한다.

스티븐 스필버그의 영화 〈쥬라기 공원〉이 세계적인 흥행을 할 수 있었던 것은 마이클 크라이튼이라는 뛰어난 이야기꾼 덕분이다. 그런데 이 소설가에게 영감과 상상력을 준 사람은 바로 《카오스》의 저자인 제임스 클리크라는 과학저술가이다. 《뉴욕타임스》의 과학기자인 클리크는 200여 명의 과학자를 인터뷰하고 수많은 관련 논문을 검토한 끝에, 카오스 이론을 과학의 문외한도 알기 쉽게 설명해 놓았다.

과학저술가는 과학자들의 업적을 대중이 쉽게 이해할 수 있도록 중개하는 전문 저술가라고 할 수 있다. 이들이 없다면 과학은 과학자들만의 세계에 머물 뿐, 세상과 호흡할 수 없게 된다. 미국이나 영국 등 선진국에서는 이미 과학 저널리즘이나 과학저술가의 영역이 활성화되어 있다. 우리나라에서는 이인식 소장이 그 역할을 해오고 있는 것이다. 그가 20여 년에 걸쳐 언론에 발표한 글의 원고지 매수만도 1만

매가 넘고, 출간된 단행본도 20여 종이다.

이 소장은 과학에 관한 글을 쓸 때 단지 과학적 지식을 전달하는 데 그치지 않고, 과학과 인문학을 넘나드는 폭넓은 지식으로 누구나 쉽게 이해할 수 있도록 풀어내는 데 힘쓴다. 가령 그는 《이인식의 성과학 탐사》(2002년)에서 인간의 가장 오래된 욕망인 성에 대해 "성은 과학이다"라고 설명했는데, 이 책은 문화인류학부터 정신분석학 · 진화생물학 · 생식의학 · 동물행동학 등 여러 분야를 아우르며 인간의 성 문제에 대해 학문의 경계를 허물며 폭넓게 파고들고 있다.

국내에서 처음으로 '과학저술가'의 영역을 확고하게 포지셔닝한 이 소장은 '과학계의 호메이니(이란의 종교가, 정치가. 이란혁명의 최고 지도자로 불림)'라는 별칭을 갖고 있다. 별명에서 보듯이 그는 과학기술자문회 위원으로 활동하면서 과학자들에게 영향력을 행사했는데, 때로는 과학자들로부터 '사기꾼'이라는 악평을 듣기도 했다. 그건 순전히 학벌 중심의 학계 풍토 때문이다. 지금도 그렇지만 우리나라는 박사학위가 없으면 아무리 실력이 뛰어나도 은근히 무시하는 경향이 있다.

서울대 전자공학과 학사학위가 전부인 이 소장이 과학저술가로 명성을 날리자, 오히려 그는 과학계로부터 갖은 오해와 '구박'을 당했다. 하지만 이에 굴하지 않고 그는 20여 년 동안 자신의 길을 묵묵히 걸어갔으며, 지금은 과학적 지식으로 대중과 소통할 수 있는 대표 저술가로 자리매김하고 있다. 주류 과학자들 또한 이제는 이 소장에게 과학의 새로운 영역을 개척했다며 '칭찬 릴레이'에 가세하고 있다. 20여 년 동안 과학저술가로 쌓아온 그의 명성과 영향력을 제도권에서도 인정한 셈이다. 그는 '뒤늦게' 과학기술자문위원을 맡았다. 2000년부터 국가과학기술자문회의 위원으로 활동하고 있으며, 과학기술중기비전기획단 단장 등을 역임했다.

이 소장의 힘은 무엇보다도 과학을 일상생활과 연결해 쉽게 풀어 설명하는 데 있다. 과학과 섹스를 결부하기도 하고, 인문학의 위기를 과학적 사유에서 찾기도 한다. 과학이라 하면 으레 딱딱하고 어렵다는 편견을 가질 수 있지만, 이 소장의 손을 거치면 과학자의 영역에 머물고 있던 과학이 비로소 일상으로 내려와 친밀한 것으로 바뀐다. 그가 등장하기 전까지 한국에서 과학을 대중적으로 소개하는 저술가는 전무한 실정이었다.

이인식 소장이 처음부터 과학저술가의 길을 선택한 것은 아니다. 서울대 전자공학과를 졸업하고 1971년에 금성사에 입사한 그는 1991년까지 20여 년 동안 직장인의 길을 걸었다. 직장에 다니면서 그는 1985년부터 틈틈이 컴퓨터 잡지에 칼럼을 썼다. 당시는 컴퓨터가 보급되지 않은 시절인지라 그의 칼럼은 큰 반응을 불러일으켰다. 석사와 박사학위가 없는 이 소장이 컴퓨터 전문가가 될 수 있었던 것은 바로 '학습의 힘'이었다. 지독하게 배우고 공부하면서 그는 박사보다 컴퓨터를 더 잘 아는 전문가가 되어갔다.

그는 2년여 동안 칼럼을 쓰다가 1987년에 《하이테크 혁명》이라는 책을 냈다. 과학저술가로서의 데뷔작이었다. 1992년부터는 아예 직장을 그만두고 과학저술가로 본격 나섰다. 그가 과학 분야의 칼럼니스트로 나서겠다고 하자 주변에서는 극구 말렸다. 그렇지만 그는 자신이 있었다. 이사까지 지낸 그였지만 더 이상 대기업에 미련을 두지 않았다. 어쩌면 그는 시대를 몇 발 앞서 평생직장이 아닌 평생직업가의 길을 선택한 셈이다.

남들이 가지 않은 새로운 길을 개척하라

1992년에 《사람과 컴퓨터》를 내면서 이인식 소장은 과학저술가로서 명성을 굳혔다. 그의 출세작이기도 한 이 책은 지금도 관련 분야의 전문가들이 인용할 정도로 고전으로 통한다. 이 소장은 요즘 기술적 개가를 올리고 있는 나노기술이나 인공생명 등 첨단기술을 이미 14년 전에 소개하고 있다. 특히 이 책은 당시 대학교수들이 숨어서 읽은 책으로 유명했다고 한다. 즉 교수들은 읽고도 읽지 않았다고 말할 정도로 내심 이 책의 가치를 인정했지만, 공식적으로는 일체 권위를 인정하지 않았던 것이다. 당시 이 책이 출간되자 과학계는 발칵 뒤집혔다. "어떻게 박사학위도 없는 일개 회사원이 교수들도 내기 힘든 전문서를 냈느냐"면서 유명 대학교수들은 이 소장을 "과학자의 탈을 쓴 사기꾼"으로 몰아붙였다. 하지만 결국은 교수들도 그가 꼼꼼하게 밝힌 참고문헌 등에 혀를 내두르면서 두 손을 들었다. 그의 전문성을 인정할 수밖에 없었던 것이다.

그러나 이인식 소장은 패배의 쓴맛도 보았다. 글쓰기의 매력에 점점 빠져든 그는 태어나서 해보고 싶은 것은 해보고 죽자는 생각에 1992년 4월, 《정보기술》이라는 과학잡지를 창간했다. 퇴직금에다가 빌린 돈까지 투자했지만 결과는 참담한 실패로 끝났다. 1년 반 만인

1994년 9월에 잡지를 폐간해야만 했다. 하고 싶은 일을 해보겠다고 호기를 부리다 톡톡한 수업료를 낸 셈이다.

이러한 경험이 이 소장에게는 결국 독이 아니라 약이 되었다. 그는 독한 마음을 품고 본격적으로 과학저술가의 길에 도전장을 냈다. 3년 가까이 고시생들 다니는 독서실에서 마치 고시생처럼 과학 관련 전문 서적을 섭렵했다. 그는 일간지에 과학 칼럼을 연재하기 시작하면서 과학칼럼니스트의 명함을 본격 내밀었다. 동아일보에 2년 3개월(1999~2001년) 동안 〈이인식의 과학생각〉이라는 글을 연재하면서 국내 일간지 최초로 과학 칼럼의 장을 열었다. 그는 1995년에 과학문화연구소를 설립하면서 저술가로서의 터전을 만들어 지금까지 운영해 오고 있다.

이 소장은 평범한 회사원으로 남을 수 있었지만 여기에 머물지 않고 한발 앞서 컴퓨터 전문가로서 입지를 굳혔고, 이를 발판으로 과학 칼럼니스트이자 과학저술가에 도전했으며, 결국 새로운 길을 개척했다. 그의 글쓰기 원칙은 '누가 이미 쓴 주제나 소재는 쓰지 않는다' 는 단 한 가지로 요약된다. 이 원칙을 바탕으로 그가 주력하는 분야가 '공학' 과 '미래' 이다. 과학은 미래 지향적이어야 한다는 소신에 따라 미래의 과학기술 흐름을 널리 알리기 위해서다. 그는 국내 과학출판 풍토에 볼멘소리를 들려준다. 국내 과학출판이 주로 기초과학과 생물학 분야에 치중하고 있기 때문이다. 더러 대중적으로 알려진 학자 위주로 책을 내다 보니 그게 과학 저술인지 아니면 잡학 저술인지도 모를 정도로 이상한 책이 나온다는 것이다.

아울러 이 소장은 외국에서 수십 년 전에 출간된 책이 한국에서 뒤

늦게 번역, 소개되어 느닷없이 화제가 되는 경우도 있다며 이를 비판한다. 세계적으로는 이미 훨씬 전에 과학적 논쟁거리였지만 한국에서는 한참 지난 뒤, 그것도 번역서가 출간된 다음에야 마치 새로운 논쟁거리가 생긴 양 소개되기도 한다는 것이다. 이에 대해 그는 "세계 과학계의 논쟁과는 동떨어져 뒤늦게 과학적 논쟁이 불붙는 한국이 자칫 '과학의 무풍지대'로 비쳐질 수 있고 웃음거리가 될 수도 있다"고 지적한다. 이는 비단 과학계뿐이 아니다. 인문학이나 철학 분야 등에서도 마찬가지다.

이 소장의 바람은 '한국판 헨리 페트로스키'로 불리는 것이다. 《기술의 한계를 넘어》와 《디자인이 만든 세상》, 《연필》 등을 쓴 페트로스키는 듀크대 석좌교수로 '테크놀로지의 계관시인'이라는 찬사를 받고 있다. 페트로스키는 공학기술 저술가로서 생활 속에서 지나치기 쉬운 공학기술의 세계를 문학적으로 재치 있게 설명하며 공학의 재미를 전해준다는 평판을 얻고 있는 것이다. 이인식 소장 역시 공학과 미래를 접목한 그의 책이 널리 알려져 젊은 공학도들과 독자들에게 용기와 힘을 불어넣어 주기를 소망하고 있다.

일, 비전 그리고 멘토링…

과학저술은 미개척 분야로 전망이 밝은 편입니다. 다만 과학저술가로 살아가기 위해서는 두 가지 전제조건이 충족되어야 합니다. 첫째는 자질이고, 둘째는 장기간의 노력으로 자신만의 브랜드를 가져야 한다는 것입니다.

과학 저술은 무엇보다 학문적 정확성이 기본입니다. 과학은 다른 어떤 분야보다도 글에 오류가 있어서는 안 됩니다. 항상 책임질 수 있는 확실한 근거를 찾는 게 기본 중의 기본입니다. 제가 1992년에 《사람과 컴퓨터》라는 책을 냈을 때, 교수 사회가 발칵 뒤집혔습니다. 책 내용에 관한 한 철저하게 완벽을 기해 정리했지만, 컴퓨터 관련 교수들은 이를 인정하고 싶지 않았던 거죠. 제가 학사 졸업장밖에 없거든요. 근거 없이 비방이 난무했어요. 그래서 저는 인용구 하나하나에 각주를 적어놓았는데 근거가 없다는 게 무슨 소리냐고 반박했어요. 만약에 그때 제가 과학적 근거를 일일이 적지 않고 책을 썼다면 아마도 매장당했을 것입니다.

우리나라는 지금까지도 과학저술가의 영역이 거의 없다시피 할 정도입니다. 대중적으로 알려진 과학자에게만 의지하며 책을 만들고 있습니다. 저는 과학자가 아니라 과학저술가입니다. 앞으로 과학저술가의 영역은 무궁무진하다고 생각합니다. 더욱이 앞으로 미래는 첨단과학에 달려 있습니다. 생활 속의 공학과 과학을 접목하고 여기에 문학성을 가미해 풀어나간다면 과학도 소설처럼 흥미 있게 읽힐 수 있다고 생각합니다.

세계적인 공학기술 저술가인 페트로스키가 생활 속에서 지나치기 쉬운 공학기술의 세계를 문학적으로 설명하듯이, 그런 과학저술가에 도전해 보시기 바랍니다.

이/인/식

브랜드의 진화 1971년 금성 입사 → 1991년 20년간의 직장생활 마감 → 과학 저술가로 새 출발(과학문화연구소 소장). 과학기술자문위원으로 '과학계의 호메이니' 라는 별칭이 붙을 만큼 과학계에 영향력을 행사.

자본금 과학을 쉽게 풀어서 알리겠다는 일종의 소명의식.

대표적 생산품 과학 칼럼, 과학 저술.

인생의 터닝 포인트 직장생활을 하며 과학 칼럼을 기고하다가 1987년에 《하이테크 혁명》이라는 책을 내면서.

수입원 포트폴리오 원고료(신문, 잡지)+인세+특강료+기획료. 이 소장은 언론에 원고지 1만 매 정도의 칼럼을 써온 대표적 과학칼럼니스트. 매달 고정적인 원고료가 주된 수입원인데, 여기에 이 소장의 1인 기업가 노하우가 숨어 있다. 그는 원고료만으로도 충분히 먹고살 정도라고.

평생 자기계발을 하라

나이 50을 넘겨 뒤늦게 1인 기업가의 성공신화를 이룬 **하영목**
(스타코칭 대표)

직무를 발전시켜 '주특기'로 만들어라

하영목 박사(1952년생)를 보면 한 사람의 인생역정이 얼마나 파란만장
하고 또한 의미심장하게 아름다울 수 있는지를 깨닫게 한다. 하 박사
는 그야말로 피나는 자기계발에 힘입어 나이 50을 넘겨 뒤늦게 홀로
서기에 성공한 인물이다. 나이 50을 넘기면 웬만해서는 기업에서도
더 이상 '생명'을 연장하기 힘들다. 하지만 하 박사는 오히려 지금 최
고의 주가를 구가하고 있다. 경영학 겸임교수(성신여대), 커리어 칼럼
니스트이자 커리어코치연합회 회장, 작가, 강연가, 진로상담가 등으
로 바쁜 나날을 보내고 있기 때문이다. 그는 세계적인 대기업 코카콜

라 보틀링의 상무(인사담당)를 그만둔 2003년 이후 3년 만에 커리어 코칭 분야뿐 아니라 직장인 스트레스 솔루션 분야, 시간관리 등으로 영역을 확장하고 있다.

하 박사가 1인 기업가로서 명성을 얻고 있는 이유는 치열하게 산 샐러리맨의 경력 때문이다. 30여 년을 한 직장생활 경험은 직장인의 애환을 누구보다 속속들이 잘 알고 공감 가는 처방을 내릴 수 있게 한다.

그는 상고를 졸업하고 은행에서 7년간 일하면서 대학을 다녀 다른 사람보다 조금 늦은 서른 살에 대학을 졸업했다. 어학연수나 유학을 다녀오지 않았지만 그의 영어 실력은 누구에게도 뒤지지 않는다. 그는 "영어의 달인이 될 수 있었던 것도 어학연수나 유학을 갔기 때문이 아니라 독학을 하면서 익힌 덕분"이라고 말한다. 그러면서 "은행을 다니다 포스코에 들어갔는데 월급이 은행보다 훨씬 적었다. 그래서 영어학원 강사를 부업으로 하며 박봉을 벌충해야만 했다"고 덧붙였다. 이러한 노력으로 현재 하 박사는 대학에서 국제경영학 강의도 영어로 하고 있다.

하 박사는 포스코 인사부장을 거쳐 포항공대 창립 주역으로 활동했다. 그때 우수한 학생들을 유치하기 위해 학생과 학부모들을 상담한 게 인연이 되어 지금 커리어 코칭 전문가가 되었다. 즉 업무와 연관된 일에 파고든 게 홀로서기의 원동력이 되었다고 할 수 있다. 상고를 졸업하고 은행 근무와 인사담당 중역을 거치면서 하 박사는 경리, 세무, 회계뿐 아니라 홍보, 인사, 직원 직무 훈련 강사 등으로 영역을 확장했다. 여기에 그는 헬싱키경영대학원 MBA 과정을 거쳐 모스크바국립서비스대학에서 경제학 박사학위를 받았다. 현지 유학을 하면서 공부한 게 아니라 직장생활을 병행하며 주경야독하여 어렵게 박사학위를 땄다. 다양한 현장 경험과 이론의 접목이 현재 하 박사가 주가를 높이고 있는 이유이다.

"46세까지만 해도 여느 직장인과 마찬가지로 눈코 뜰 새 없이 바쁘게 살았습니다. 그러나 정작 장래에 대한 구체적인 계획은 없었으며, 사람들에게 긍정적인 영향을 끼치며 살고 싶다는 막연한 희망만 가지고 있었죠. 그러다가 IMF 직전에 그 꿈을 구체화하기로 결심하고는 MBA와 박사과정을 6년 만에 마쳤습니다. 그게 20년 동안의 인사담당 업무 경험과 함께 인생 2막을 시작할 수 있게 한 자신감의 원천이었습니다."

그렇지만 경력이 화려하다고 성공신화의 주인공이 될 수 있는 것은 아니다. 자신의 자리에 안주한다면 결코 자신을 변화시킬 수 없다. 하 박사는 경제학 박사학위를 따기까지 직장인으로 근무하면서 지속적으로 자신의 커리어를 업그레이드했다. 기업이 '지속 가능한 경영' 을 하기 위해서는 핵심인재를 끊임없이 충원해야 하듯이, 개인도 지속적으로 자신만의 경쟁력을 보완하지 않으면 변하는 사회에 발 빠르게 대응할 수 없다. 더욱이 홀로서기를 위해서는 다년간의 준비가 필수적이다. 그는 상고를 나와 경리와 세무, 회계 일에 종사했고 대기업에서 인사와 홍보, 교육 관련 일을 했다. 아울러 지속적인 학습으로 MBA와 박사학위도 땄기에 홀로서기의 밑천은 충분하다고 생각했다.

"직장인들은 대부분 언제 직장을 그만둘 것인가를 고민하지 않을 수 없습니다. 대기업 임원도 마찬가지죠. 언젠가 떠나야 할 시기가 옵니다. 빠르면 1년이 안 될 수도 있고, 그 이상일 수도 있죠. 나이 50을 넘기면 더욱 절실한 문제가 됩니다. 50을 넘기고 (인력)시장에 나오면 누가 알아주나요. '한 4, 5년 더 있어보자' 는 생각도 들었습니다만, 그때가 되면 자신감이 더 떨어질 것이라는 생각이 들었어요."

그는 직장을 떠나 홀로서기를 감행할 경우 대기업 임원으로 있을 때보다 불안한 것은 당연하겠지만 더 나이가 들기 전에 일을 벌이지 않으면 기회를 잡을 수 없을 것 같다는 생각이 들었다고 한다. 이때 그에게 자신감을 북돋워 준 일이 일어났다. 2002년 초에 《너의 꿈은 무슨 색깔이니》라는 진로상담 관련 책을 냈는데, 이게 예상 외로 큰 호응을 얻었던 것이다. 처음 자신의 이름으로 낸 이 책은 포항공대 설립 당시 학생 모집 책임자로서 학부모와 지원자들의 전공 선택과 진로상담을 한 경험, 그리고 한국 코카콜라 보틀링과 존슨 앤 존슨 등 세계적인 기업의 인재선발 및 경력관리 경험을 바탕으로 쓴 진로 지침서이다. 그가 책을 낼 수 있었던 원동력은 이미 오래전에 시작한 글쓰기에 있다. 그게 축적이 되어 책을 낼 수 있었다.

여기저기서 강의와 칼럼 요청이 들어오자, 그는 아예 진로 코칭 전문가로 나서기로 결심했다. 나이 50을 넘긴 그로서는 대기업 중역을 박차고 나온다는 게 불안할 수밖에 없었다. 하지만 그는 자신의 실무 경력을 살린다면 더 나은 미래를 가꿀 수 있다고 판단했다. 하 박사는 중앙인사위원회의 연구 프로젝트와 서울대 등에서 면접과 리더십 관련 강의를 하며 커리어 코칭 전문가로서 자신을 포지셔닝할 수 있었다.

"인사 업무만 20년 이상 해온 전문가로서 그간 축적한 무형의 자산을 가장 잘 활용할 수 있는 길은 바로 커리어 코치였습니다. 나 자신을 '커리어 코치'로 포지셔닝하고 나서는 정말 바쁘게 살았습니다. 책을 쓰고 강연을 하고, 독자들의 고민을 들어주고, 코치하고…. 한 달에 다섯 개의 고정 칼럼을 기고하면서 수면 시간을 아끼며 살았죠. 이렇게 한 3년간 바쁘게 살다 보니 제 이름이 알려지기 시작했습니다. 그래서 직장일과 병행하는 것이 어렵다는 판단하에 안정된 외국기업의 임원 자리를 버리고 커리어 코치라는 평생직업을 택한 것입니다."

하 박사는 인사부장으로 있으면서 자연스럽게 진로 문제에 관심을 가졌는데, 때마침 한 고교신문에서 진로 관련 칼럼을 요청해 왔다. 그리하여 1999년 창간호부터 시작해 지금까지 장수 칼럼으로 연재하고 있다. 그의 칼럼이 알려지면서 하루 10여 통씩 상담이 들어왔고, 새벽 두세 시까지 시간을 내 일일이 답변해 주었다. 주변에서는 "쓸데없는 시간을 낭비하고 있다"며 핀잔을 주기도 했다. 그는 "나의 작은 도움에 용기를 얻는 아이들도 있다는 것을 알았기에 그만둘 수 없었다"고 말한다.

처음 진로 문제에 관심을 가진 것이 계기가 되어 청소년의 취업 문제에 이어 직장인의 커리어 문제로 영역을 확대했다. 그는 "워크숍과 캠프를 열면서 나도 사회를 위해 의미 있는 일을 할 수 있다는 보람과 함께 뿌듯함을 느낄 수 있었다"고 한다. 지금도 청소년 관련 강의와 공익적인 행사 시 강사료를 받으면 적은 액수라도 주최측에 기부한다. 대신 비즈니스를 목적으로 요청하는 강의에서는 강사료를 많이 받는다. 하 박사는 진로와 취업 관련 상담은 사회 기여를 위한 일로 여기는 반면, 공공기관과 기업 등에서 요구하는 연구 프로젝트는 주된 수입원으로 삼아 이원적으로 접근하고 있다. '생업을 위한 수익'과 '사회 기여를 통한 만족'의 비율은 6대 4정도라고 한다.

전문가들과 네트워크를 유지하라

하 박사는 1인 기업가로서 수입도 중요하게 여기지만, 청소년을 대상으로 한 진로상담에도 열심히 나서고 있다. 사회에 의미 있는 일을 하기 위해서다. 그는 "50이 넘으면 가슴이 허해지는 것을 느낀다"면서, "청소년을 위한 일이지만 바로 나 자신을 위한 일"이라고 말한다. 그는 "1인 기업가는 단순히 돈을 버는 데 목적을 두기보다 좀 더 의미 있고 값진, 인생의 목표를 세울 때 열정적으로 일할 수 있다"고 강조한다. 그가 돈이 되지 않는 청소년 진로상담에 큰 의미를 부여하면서 일하고 있는 것도 이 때문이다.

"나름대로 사회를 위해 유익한 일을 하고 있다는 생각이 중요합니다. 단지 돈만을 위해서 일한다면 차라리 아파트나 주식 등 재테크에 열중하는 편이 더 낫지 않을까요."

그는 "1인 기업가에게는 수익 창출원이 되는 캐시 카우Cash Cow, 즉 확실한 돈벌이가 되는 상품이나 사업이 반드시 있어야 생업을 유지할 수 있다"고 강조한다. 아울러 "1인 기업가에게는 자신의 몸값을 높이는 전술적 접근이 필요하다"고 그는 말한다. 그래서 1인 기업가는 때로 연예인처럼 자신을 마케팅할 필요가 있다는 것이다.

"예를 들자면 톱가수 나훈아는 자신의 몸값을 의도적으로 높이기 위해 애쓴다고 해요. 콘서트를 할 때 자신이 요구하는 조건을 충족시켜 주지 않으면 결코 계약서에 사인을 하지 않는다죠? 해외 공연 때 공연장이 있는 호텔 옥상까지 헬기 수송을 요구하는 등 일부러 무리한 사항을 늘어놓는다고 합니다. 또한 최고의 공연료를 받지 않으면 콘서트를 하지 않을 뿐 아니라 콘서트 횟수도 엄격히 제한하고 있다고 합니다. 너무 자주 얼굴을 비치면 신비감이 사라진다는 이유에서죠. 이것이 자신의 인기를 지속적으로 유지하는 비결이라고 합니다."

하 박사의 개인 사무실에는 뜻밖에도 대형 북이 한 세트(4개) 있다. 직장인과 CEO의 만성적인 스트레스를 해결하기 위해서 북소리 연구를 새롭게 시작했다는 것이다. '두뇌만 지능을 가진 게 아니라 심장에도 지능이 있다'는, 이른바 '하트매스HeartMath Solution 이론'을 바탕으로 북소리를 통해 스트레스를 풀어보자는 것이다. 그는 하트매스연구소의 창립자인 닥 칠드리Doc Childre의 《CEO와 직장인을 위한 스트레스 솔루션The HeartMath Solution》(2004년)을 번역, 출간한 것이 계기가 돼 하트매스 이론을 연구하게 되었다고 한다.

직장생활을 30여 년 했기에 그는 직장인들의 스트레스를 잘 알고 있다.

"북소리는 심장을 편안하게 해준다고 해요. 심장의 박동수를 60~70에 맞춰 실험했는데, 스트레스 해소에 북소리가 효과적인 것으로 드러났다고 합니다."

그는 강원도 횡성에 직장인들이 스트레스를 해소하며 휴식을 취할 수 있는 '재충전소'를 지을 계획을 구체화하고 있다. 이미 땅 1,000평을 사뒀는데, 그는 이곳에 황토로 친환경 건물을 지어 지친 영혼을 위한 웰빙공간으로 꾸밀 계획이라고 한다.

하 박사는 청소년 진로상담과 임원 대상 코칭 분야에서 국내 최고의 권위자로 평가받고 있다. 1인 기업가로서 홀로서기를 한 지 3년도 채 되지 않았지만, 그의 준비된 성공신화는 거침이 없어 보인다. 그는 "1인 기업가들은 코끼리(대기업)가 긁지 못하는 가려운 부분을 찾아 긁어줄 수 있는 전문가"라고 말한다. 또한 기업가는 협업과 분업을 통해 전문가끼리 횡적인 네트워크를 유지할 수 있느냐가 관건이라고 강조한다. 최정예 전문가들과 공유하는 '지식의 파트너십Knowledge Partnership' 은 1인 기업가에게 생명줄과 다름없다는 것이다.

그는 "1인 기업가로 성공하려면 1년에 책 한두 권 정도는 반드시 내라"고 조언한다. 그래야만 '저 사람은 죽지 않고 살아있구나' 라는 인식을 심어줄 수 있다는 것이다. 그러지 않으면 시장에서 잊혀진 존재가 될 수 있고, 이는 1인 기업가에게 가장 치명적이라고 강조한다.

하영목 박사가 말하는 1인 기업가의 성공 조건

✓ 전문가들과 상호보완적인 네트워크를 구축하라.

✓ 1년에 책 한두 권 정도는 반드시 출간하라.

✓ 사적 이익을 추구하는 일 이외에 사회를 위한 의미 있는 일을 병행하라.

일, 비전 그리고 멘토링…

커리어 코칭은 '내가 꿈꾸는 성공은 구체적으로 어떤 것인가, 나는 무엇으로 그 꿈을 실현할 수 있을 것인가, 꿈을 실현하기 위해 지금 나는 무엇을 해야 하는가'에 대한 고민을 함께 풀어주는 일입니다.

그러나 커리어 코치는 생소한 직업입니다. 평생직업의 시대가 도래하면서 경력관리나 경력개발의 책임이 기업에서 개인에게 넘어왔지만, 아직 평생직업을 확실히 정하고 일하는 직장인은 극소수에 불과합니다. 국내에 커리어 코칭을 제공하는 회사 또한 아직 몇 안 되는 실정입니다. 앞으로의 수요를 감안한다면 미개척 분야라고 할 수 있죠. 분명한 것은 커리어 코칭은 사회생활을 시작하는 신입사원부터 최고경영자까지 누구나 필요로 한다는 것입니다.

저는 집안이 넉넉하지 못하여 우수한 학업 성적에도 불구하고 공고에 지원했다 떨어졌습니다. 색약이라 공고에 합격하지 못한 것입니다. 인생은 이렇게 운명이 바뀌기도 합니다. 그래서 상고를 들어갔고, 졸업 후에는 은행에 취직했습니다. 은행에서 일하며 야간대학을 다녔고, 이어 포스코에 입사했습니다. 1979년 포스코에 입사하여 인사기획팀에 배치받았는데, 이렇게 해서 인사 업무와 인연을 맺게 되었습니다. 당시 포스코에서 일하며 야간에는 영어학원에서 강의를 했습니다. 그때 한 영어 공부는 회사를 나온 지금 더 유용하게 활용하고 있습니다. 포스데이터로 자리를 옮겨 1996년까지 다녔고, 그 이후 존슨 앤 존슨과 코카콜라 보틀링에서 근무하다가 2003년에 사표를 내고 제2의 인생을 시작했습니다.

외국계 기업인 코카콜라 보틀링의 임원 자리에 있을 때 이런 생각을 했습니다. "이 자리에서 3, 4년은 버틸 수 있다. 그러나 3, 4년 뒤에 나에게 어떤 기회가 있을 것인가?"

결국 이런 고민 끝에 저는 과감하게 사표를 던졌습니다. 지금은 연봉 1억 원과도 바꿀 수 없는 자유와 여유를 만끽하며 인사 컨설팅을 하는 1인 기업 '스타코칭'의 대표입니다. 연봉 1억 원에 얽매인다면 결코 자유를 얻을 수 없습니다. 자유는 반드시 그 무엇을 포기해야 얻을 수 있습니다.

1인 기업가로 성공하고 싶다면 먼저 대중 앞에 나서서 강의하는 기회를 자주 가질 것을 권하고 싶습니다. 특히 인사 전문가로 활동하고 싶다면 HR Human Resource(단순히 인사 또는 조직을 의미하는 전통적인 관점에서 벗어나 조직의 인적 자원을 총체적으로 지칭)을 알면서 강의 스킬을 보유해야 합니다. 시장에는 이런 인재가 많지 않습니다. 지금 인사 전문가로 1인 기업을 시작해도 결코 늦지 않았습니다. 단 HR만 알고 강의 스킬이 없는 사람은 시장에서 인정받기 힘들다는 점을 명심해야 합니다.

또한 톰 피터스가 수없이 강조한 바와 같이 개인도 기업처럼 자신의 브랜드를 만들어야 합니다. 이를 위해선 우선 사보에 글을 써보라고 권하고 싶습니다. 1년 정도 사보에 글을 쓴다면 외부 매체에서 청탁이 들어올 것입니다. 외부 매체에 1년 정도 글을 쓰면, 그 글들을 모아 책으로 낼 수 있습니다. 이런 식으로 한 5년 정도 노력을 하면 자신의 브랜드를 만들 수 있고, 그 시점에서 1인 기업가 시장에 뛰어들 수 있을 것입니다.

1인 기업가 시장에 뛰어들 경우 최소한 두세 달만 잘 버티면 자신의 브랜드를 구축하는 계기를 마련할 수 있을 것입니다. 고난을 잘 견뎌내지 못하면 결코 성공할 수 없습니다. 명품이 된 상품이나 명문 기업들은 모두 수년 혹은 10여 년 이상 고난의 시간을 견디면서 자신의 브랜드를 알리기 위해 눈물겨운 노력을 했다는 것을 명심하시기 바랍니다. 회사의 울타리가 숨 막히고 2, 3년 뒤 자신의 위상이 불안하다면 이제 1인 기업가를 꿈꿔보시기 바랍니다.

하 / 영 / 목

브랜드의 진화 은행 7년 근무 → 포스코 인사부장 → 코카콜라 보틀링 인사 담당 중역 → 2003년 52세 때 직장을 그만두고 면접과 인터뷰 등 실무 전문가로 활동. 포스코에 다니면서 영어학원 강사를 한 것도 투잡스 혹은 1인 기업가인 셈이므로, 하영목 박사는 이미 30년 전에 1인 기업가의 길을 걷기 시작했다고 할 수 있다. 현재 스타코칭, 액션러닝센터 대표.

자본금 직장 경력 30년 동안 인사담당 업무 경험이 최대 밑천.

대표적 생산품 커리어 코칭, 커리어 칼럼, 경영학 영어 강의.

인생의 터닝 포인트 직장에서 인사담당 업무를 맡은 것. 《너의 꿈은 무슨 색깔이니》(2002년)를 출간하면서 진로상담 분야 전문가로 알려짐.

수입원 포트폴리오 공공기관 연구 프로젝트로 안정적 수입 확보. 진로상담은 공익적인 성격으로 사회봉사 차원에서 접근. 생업과 사회봉사를 6대 4의 비율로 정함.

평범한 사람보다
'끼' 있는 괴짜가 낫다

취미를 성공적인 사업 자본으로 바꿔놓은 **서명석**
(디지털 문화콘텐츠 전문가)

내 사전에 취직은 없다

"대기업 취직을 준비하느니 차라리 그 시간에 영화를 봐라!"

이는 신세대 대학원생 서명석 씨(1976년생)의 도발적인 자기주장이
다. 뒤에 소개하는 황윤정 씨가 대학 때부터 아르바이트를 하면서 축
적한 '인터넷 마인드'로 쇼핑몰 컨설턴트가 되어 20대에 이미 1인 기
업가로의 변신에 성공했다면, 서명석 씨는 영화광에다가 독학으로 익
힌 '웹 마인드'로 무장해 디지털 세상을 주도하고 있는 신세대 1인 기
업가라고 할 수 있다.

연세대 정보대학원 석사과정에서 디지털 문화콘텐츠를 전공하고

있는 서명석 씨는 영화에 관한 한 연세대에서 그를 당할 사람이 없을 정도다. 그는 "때로는 2박 3일 동안 밥도 먹지 않고 잠도 자지 않고 수십 편의 비디오를 본다"면서, "그게 취업 걱정을 하지 않아도 될 만큼 든든한 자산이 되고 있다"고 말한다. 그가 소장하고 있는 영화 DVD만도 2,000여 개. 더욱이 모든 자료를 엑셀에 파일로 데이터베이스화했다.

연세대 정보대학원은 취업률 100퍼센트를 자랑하는데, 서명석 씨는 자신 때문에 대기록이 깨질 것이라고 농담 삼아 말한다. 그는 대학원을 졸업해도 결코 취직은 하지 않을 것이라는 신념을 갖고 있다. 대기업의 '푸들(앨빈 토플러는 2006년 12월 조선일보와의 인터뷰에서 "한국이 미국을 멀리하고 중국에 기대면 결국은 중국의 위성국으로 전락해 중국의 푸들이 될 것"이라고 경고했다)'이 되기보다 자신이 주도적으로 일을 해나겠다는 의지의 표현이다.

《제3의 물결》 저자인 앨빈 토플러는 이미 1980년에 세 번째 물결인 '정보사회'를 예견했는데, 지금 우리는 정보사회의 거센 물결 속에서 살아가고 있다. 토플러가 예측한 정보가 지식이 되는 사회, 정보가 돈이 되는 사회, 정보가 권력이 되는 사회, 정보가 문화·예술이 되는 그런 사회에 살고 있는 것이다.

21세기는 지식이 최대의 경영자원이 되는 '지식자본주의' 시대다. 지식자본주의 시대에는 육체노동이나 정신노동으로 구분되는 단순한 노동자의 개념이 아니라, 지식을 이용하여 노동하는 '지식노동자'가 새로운 주류 계급으로 자리 잡는다. 정보통신기술의 발달에 따라 지식은 정보화를 통해 새로운 의미를 띠게 된다. 흔히 정보는 형태상으로 볼 때 음성, 텍스트text, 데이터data, 영상picture 등으로 구분된다. 데이터는 일정한 문법에 따라 배열된 문자에 의미 내용이 들어 있는 형태이며, 정보는 데이터보다 좀 더 기계적으로 가공된 유형이다. 지식자본주의는 바로 이러한 정보가 무기가 되는 시대이다.

지식자본주의 사회에서는 정보 자료를 얼마나 많이 가지고 있느냐, 또한 그 자료가 얼마나 전문성을 가지고 있느냐, 나아가 시장성(상업성)을 지니고 있느냐에 성패가 달려 있다고 하겠다. 이러한 자료를 확보한 사람이야말로 지식정보사회에서 새로운 계급의 길잡이 역할을 할 수 있는 것이다.

데이터와 정보는 개별적으로 존재할 때보다 융합화할 때 더욱 가치를 발휘한다. 가령 파워포인트PPT에 단순히 문자 텍스트만으로 가공하기보다 영상과 동영상을 추가할 때 데이터의 완성도를 높일 수 있는 것이다. 산업에서도 산업 간 융합화가 거대한 트렌드를 형성하고 있는데 정보와 콘텐츠에서도 융합화, 즉 컨버전스 추세가 맹렬하다. 지식정보사회에서 메가트렌드(현대 사회에서 일어나는 거대한 조류)는 디지털 컨버전스라는 말이 유행처럼 회자되고 있는 것은 이 때문이다.

서명석 씨는 바로 디지털 컨버전스의 전위대와 같은 존재라고 하겠다. 중국의 문화혁명에서 홍위병은 전위대 역할을 하면서 역사에 큰 오점을 남겼지만, 서명석 씨와 같은 디지털 컨버전스의 전위대는 문화콘텐츠의 진화를 주도하며 인류 역사의 프런티어와 같은 역할을 하고 있다.

자신의 지식을 컨버전스화하라

서명석 씨는 현재 파워포인트를 활용해 텍스트와 플래시의 융합, 텍스트와 동영상의 융합을 자유롭게 구사하는 디지털 문화콘텐츠 분야의 만능 엔터테이너라고 할 수 있다.

요즘 대학교수들은 강의 준비 및 평가 등으로 스트레스가 이만저만이 아니다. 기존의 수업방식으로 '지겨운 강의'라는 인상을 학생들에게 줄까 봐 전전긍긍하는 교수들도 많다. 강의 평가가 낙제를 면치 못하면 교수 자리마저 위협받을 수 있기 때문이다. 이때 서명석 씨의 파워포인트와 플래시, 동영상의 컨버전스 실력은 진가를 발휘한다. 동영상 강의 자료가 아쉽기만 한 교수들이 서명석 씨에게 이른바 '러브콜'을 요청한다. 동영상을 접목한 강의방식, 즉 텍스트 위주의 파워포인트에 플래시와 영상의 접목은 수업 진행방식을 업그레이드할 뿐 아니라 내용을 재미있게 전달함으로써 '디지털을 호흡하는 교수'라는 이미지 효과를 낼 수 있는 것이다. 그동안 파워포인트를 활용한 강의도 대부분 문자와 슬라이드 위주의 평면적인 텍스트에 의존해 왔는데, 서명석 씨의 손을 거치면 마치 영화를 보듯, 시각적으로 즐거운 강의를 받을 수 있는 것이다.

동영상을 접목한 파워포인트는 일반적이지만, 여기에 플래시를 활용한 강의 자료는 흔치 않다. 서명석 씨의 웹디자인의 진화가 발 빠르다는 평가를 받는 것도 이 때문이다. 이런 강의 자료를 가지고 수업할 경우 강의 평가는 당연히 높게 나오기 마련이다. 그는 교수뿐 아니라 각계 전문가들의 강의 자료를 만들고, 대기업의 프로젝트를 의뢰받아

작업하기도 했다.

서명석 씨의 이런 작업은 소프트웨어와 관련된 민감한 부분이 개입되어 있어서 공개적으로 진행하기는 어려운 상황이다. 주변에서는 그의 실력을 높이 사 곧바로 비즈니스에 뛰어들어도 충분히 수익모델이 될 수 있다며 사업을 부추기기도 한다. 이에 그는 "교수님들뿐 아니라 대기업과 문화·예술 관계자 등 수요가 넘쳐나고 있지만 본격적으로 일을 벌일 수 없는 상황"이라면서, "이런저런 몇 가지 민감한 문제를 잘 해결할 수 있다면 큰돈을 벌 수 있는 수익모델로도 충분하다"고 말한다.

서명석 씨의 이력 가운데 특이한 게 하나 있다. 그는 연세대 생활디자인학과를 졸업했다. 이 분야는 전통적으로 여성이 전공하는 학과로서 예전에는 '주생활학과'라 불렀다. 나도 같은 학교 정외과에 다녔는데, 우리 학과 바로 옆에 주생활학과가 속한 가정대학이 있었다. 당시 그곳은 금남의 집처럼 여겨졌다. 그런데 생활과학대학으로 바뀌면서 남학생이 하나둘 다니기 시작했고, 이제는 남학생들도 아무 거리낌 없이 다니고 있다. 불과 10여 년 사이에 사회적 인식과 직업의 성차별이 그만큼 옅어진 것이다.

생활디자인을 전공하면 패션, 제품, 시각디자인 등의 분야로 진출한다. 서명석 씨는 현재 생활디자인뿐 아니라 웹디자인으로 영역을 확대하고 있다. 생활디자인을 통해 익힌 섬세한 감각이 디지털 디자인과 접목해 상승효과를 발휘하고 있다고 하겠다.

서명석 씨는 충남 강경에서 태어났다. 초등학교 3학년 때 영화 〈구니스The Goonies〉(1985년)가 국내에서 개봉했는데, 그는 엄마한테 영화를 보여 달라고 조르다 눈물을 쏙 뺄 만큼 혼이 난 적이 있다. 그는 "그때 하도 기분이 상해 벽에 머리를 박으며 자해를 했다"고 말한다. 그것이 한이 되어서일까, 그는 이후 용돈이 모이기가 무섭게 부모님 몰래 두 편을 상영하는 영화관으로 달려가 영화에 빠져들기 시작했다. 강경에는 호남 최초의 극장인 '강경극장' 이 있다. 금강 뱃길로 인해 일제 때부터 상업이 번성한 강경은 우체국도 전라도에서 제일 먼저 들어선 곳이다. 그런 강경에서 태어난 서명석 씨는 어려서부터 영화에 푹 빠져들었다. 영화를 보면 자신이 갖고 있지 못한 모든 것들과 만날 수 있었다.

영화보다 재수했지만 영화에서 더 큰 길을 찾다

서명석 씨가 본격적으로 영화에 빠져든 것은 중1 때 부모님을 떠나 부천의 이모 집으로 '유학' 을 오면서부터다. 그는 용돈이 생기면 비디오 가게로 달려가 10편, 20편씩 한꺼번에 빌려와 방에 틀어박혀 영화만 봤다. 밤새는 줄도, 날이 밝아오는 줄도 모르고 정신없이 영화를 봤다. 영화만 보고 있으면 배도 고프지 않았고 잠도 오지 않았다. 참 신기한 일이었다. 고3이 되어도 영화 보기는 계속되었다. 수능시험을 보기 1주일 전까지 그는 영화를 보았다. 1994년에 개봉한 배창호 감독의 〈젊은 남자〉도 그 당시 본 영화다. 그는 "나는 고3인데도 영화를 보는데, 왜 다른 사람들은 한가한데도 영화를 보지 않을까 생각할 정도였다"고 말한다.

결국 일은 터지고 말았다. 대학입시도 팽개치고 영화를 보다가 그만 재수의 길에 들어선 것이다. 그러나 재수 시절의 고단함을 잊게 해준 것도 다름 아닌 영화였다. 2박 3일 동안 줄곧 영화 보기는 재수 때도 계속되었다. 비록 영화가 그에게 재수의 시련을 안겨주었지만, 바로 그 영화가 세상을 더 멀리 내다볼 수 있게 해준 것이다. 재수 시절을 거치면서 영화는 그에게 생활의 중요한 일부분이 되었다. 영화가 대학입시에 좌절을 안겨주었지만 잃은 것보다 얻은 게 더 많았다고할 수 있다.

연세대에 진학하면서 영화 보기는 본격화되었다. 방학 때면 동아리에서 관리하는 계단식 강의실에서 온종일 영화를 보았다. 한번은 〈간이역〉이라는 영화를 보고 여러 잡지에 난 영화평을 보았는데 하나같이 비슷했다. 어떻게 영화평들이 한결같을까, 하는 생각이 들어 그때부터 그는 영화평을 보지 않는다. 오히려 자유로운 영화 감상을 해칠수 있다는 생각이 들었기 때문이다.

그런데 어느 날 문득, 영화를 연속으로 보는 게 그리 좋지 않다는 생각이 들었다. 무엇보다 집중이 안 됐다. 다양한 영화를 봐야 한다는 생각으로 가리지 않고 영화를 보다 보니 안 봐도 될 영화까지 보곤 했다. 한마디로 시간이 아까운 영화도 있었다. 필요 없는 영화까지 보느니 차라리 좋은 영화 한 편을 제대로 보는 게 낫겠다는 생각이 들었다. 그 이후 서명석 씨는 2박 3일 연속으로 영화를 보던 습관을 버리고, 한 편을 보더라도 제대로 된 명화 위주로 선택한다.

1999년부터는 영화를 보면 DVD를 보관하고, 반드시 파일에 목록을 적으면서 자료화한다. 처음에는 단순히 '나중에 필요할 것 같아서’ 시작했는데, 가만히 생각해 보니 그게 아니었다. 나중에 필요한 것이 아니라 당장 유용한 자료가 될 수 있겠다는 생각이 들었다. 지식 정보화 시대에 데이터베이스는 지식과 정보의 원천이 될 수 있고 자산의 가치도 지닐 수 있기 때문이다. 그는 먼 훗날이 아니라 지금부터라도 자료를 잘 활용하면 충분히 활용 가치가 있다는 데 생각이 미치기 시작했다. 그는 당시를 회상하면서, “그동안 나의 삶을 지탱해 오고 열정을 일깨워 준 게 영화였는데, 그게 전체 삶 속으로 들어온 느낌이 들었다”고 말한다.

전공인 생활디자인보다 영화에 더 비중을 두기 시작하면서 미래에 대한 자신감도 더욱 생겼다. 벤처기업을 세운 선배의 요청으로 2003년에는 6개월 정도 웹디자인 업무를 맡았다. 물론 보수를 받으면서 일한 것이 아니었지만, 이때 배운 웹디자인이 그에게 큰 밑천이 되었다. 부족한 부분은 직접 학습을 하면서 웹디자인뿐 아니라 파워포인트, 동영상, 플래시 등으로 영역을 확대해 나갔다.

그가 지금까지 한 작업은 웬만한 디지털 콘텐츠 전문가를 능가할 정도다. 교수나 전문가 집단의 강의용 파워포인트를 비롯해 서울시 인터넷방송국 콘텐츠를 제작했고, 삼성의 홍보용 DVD를 만들었다. 이어 맥킨지에서 2년 동안 파워포인트 작업을 하기도 했다. 그는 요즘 후배들을 보면 안타까운 생각을 떨쳐버릴 수 없다고 말한다.

“대부분 대기업이나 공무원 시험에 매달리며 아까운 청춘을 다 보내고 있기 때문이죠. 굳이 대기업에 취직하거나 공무원이 되지 않고 자신이 하고 싶은 일을 하며 살아갈 수도 있을 텐데, 너무 획일적인 선택을 하는 것 같아요.”

서명석 씨는 친구나 후배들이 대기업에 들어가자마자 실망하고 꿈을 잃어가는 모습을 볼 때마다 자신의 선택이 옳았다는 생각을 한다. 그는 "지금까지 한 번도 취직해 보겠다는 생각을 해본 적이 없지만 아무런 걱정도 두려운 생각도 들지 않는다"고 말한다.

서명석 씨야말로 하고 싶은 일을 하면서 삶을 주도적으로 이끌어가는 디지털 시대의 성공모델이라고 할 수 있지 않을까. 앨빈 토플러의 말처럼 '자본의 경제Money Economy'가 주도하고 있는 현실에서는 누구나 자본의 경제 틀에서 살아갈 수밖에 없다. 그래서 구직자들은 대부분 자본의 경제를 주도하고 있는 대기업에 취직하려고 '줄서기'를 한다. 하지만 자본의 경제에서 생산된 제품을 활용하면 자본의 경제 '밖에서'도 얼마든지 자유로운 밥벌이가 가능하다. 서명석 씨가 그러한 전형을 보여주고 있다. 그는 자본의 경제가 생산한 소프트웨어를 이용해 자본의 경제 밖에서 새로운 디지털 콘텐츠를 가공해 내며 지식정보사회에서 자유로운 지식노동자로 군림하고 있는 것이다. 즉 그는 지식노동자로 대기업에 예속되어 있는 게 아니라 그를 필요로 하는 지식인과 전문가들의 러브콜을 받는 위치에 있다.

앨빈 토플러는 앞으로 현명한 기업들은 의료 서비스를 대체하는 '셀프 케어Self-Care' 산업에서 새로운 성장 에너지를 찾을 것이라고 강조한다. 가령 집에서 사용하는 혈압기계를 활용해 굳이 병원에 가지 않아도 혈압을 잴 수 있다. 또한 디지털 카메라와 디지털 인화기가 결합되어 사진현상소에 가지 않고도 집에서 컴퓨터를 이용해 바로 사진을 인화할 수 있다. 디지털 기술을 보편적으로 활용할 수 있다면 대기업에 예속되지 않으면서 자본의 경제 밖에서 활동하는 지식노동자들이 그만큼 더 많아질 것이다.

또한 '비자본의 경제'에 관심을 기울이면 돈으로 환산할 수 없는 가치가 나온다는 앨빈 토플러의 말에 귀 기울일 필요가 있다. 즉 경제에는 두 가지 측면이 있지만 경제학자들은 한 가지 면만 파고든다는 것이다. 자본의 경제는 단순히 소비자와 생산자의 상호작용과 관련된 개념으로, 경제학자들은 이 '사고파는' 돈의 경제만을 연구한다. 비자본의 경제에는 관심을 기울이지 않는 것이다. 구직자들이 사고파는 돈의 경제에 매진하고 있는 대기업에 목숨을 거는 것도 이 때문이다. 따라서 앞으로는 돈으로 계산할 수 없는 그 '무엇'에 관심을 기울일 필요가 있다. 서명석 씨는 어쩌면 비자본의 경제에 관심을 기울이고 있는 사람들 중 비교적 앞줄에 서 있다고 할 수 있을 것이다.

프루스트Robert Frost의 시 〈가지 않은 길The Road Not Taken〉에는 인생의 길을 새롭게 가야 하는 사람들이 음미해 볼 만한 구절이 있다.

숲 속에 두 갈래 길이 있었네.
나는 인적이 드문 길로 발걸음을 옮겼네.
그 선택이 모든 것을 바꿔놓았네.

'서명석 브랜드'는 아직 본격 출시되지 않은 상태다. 어쩌면 그는 자신이 가고자 하는 길의 방향을 잡아놓은 것에 불과할지 모른다. 그 길은 프루스트가 말한 인적이 드문 길이다. 그가 본격적으로 여정에 오른 것은 아니다. 길가에서는 벌써 수많은 사람이 그를 알아보고 반긴다. 하지만 그는 아직 얼굴을 드러내지 않고 있다. 그것은 자신의 수익모델이 없어서가 아니다.

그는 아직 대학원생이지만 1인 기업가로서 '나 주식회사'의 브랜드로 이미 유명세를 타고 있다. 대학 교수를 비롯해 맥킨지나 삼성 등 대기업 관계자, 전문가 집단에게 그는 이미 디지털 문화콘텐츠 제작자로서 정평이 나 있다. 다만 디지털 콘텐츠 제작 관행상의 문제 때문에 공개적으로 작업하기가 어려운 게 현실이다.

'서명석 브랜드'의 또 다른 힘은 영화에 대한 그의 해박한 지식과 데이터베이스에 있다. 디지털 시대의 가장 큰 무기는 '누가 어느 분야에서 얼마만한 데이터베이스를 확보하고 있느냐'라고 할 수 있을 것이다. 그런 점에서 서명석 씨는 확실히 디지털 시대의 '잠재적 강자'라고 할 수 있다. 톰 피터스는 "괴짜가 되고, 또 괴짜와 사귀라"고 충고한다. 서명석 브랜드는 디지털 시대일수록 평범한 사람보다 괴짜가 성공한다는 것을 보여주는 대표적인 징표가 될 것이다.

일, 비전 그리고 멘토링…

제 전공은 생활디자인 분야지만 지금은 디지털 디자인이라고 할 수 있습니다. 이 분야는 20, 30대의 독무대나 다름없습니다. 40대 이후는 순발력 면에서 그들을 도저히 따라갈 수 없습니다. 왜 다들 공무원이나 대기업에 들어가려고 기를 쓰고 공부하죠? 이는 5년 전엔 통했을지 몰라도 이제는 아닌 것 같습니다. 아닌데 왜 시간을 낭비하나요? 그래도 공무원 시험이나 대기업 취직 준비를 하겠다고요?

서/명/석

브랜드의 진화 디지털 콘텐츠 제작 '수습' 10년차.

자본금 영화 DVD 2,000여 개 등 영상 관련 데이터베이스.

주요 생산품 디지털 콘텐츠 제작.

인생의 터닝 포인트 중학교 때 영화에 본격 빠져들면서.

수입원 포트폴리오 지금은 용돈 이상 더 벌려고 하지 않음. 굳이 공개한다면 홈페이지 제작이 개당 120만 원 정도, 파워포인트는 장당 10만 원, 동영상은 프로젝트당 200만 원 정도.

1인 기업가로서의 신조 나는 결코 취업을 하지 않는다.

'서명석 브랜드'의 특징 영화의 데이터베이스화와 디지털 콘텐츠 기술의 접목.

업계의 트렌드를
모니터링하면서 틈새를 노려라

장인정신으로 천천히, 뚜벅뚜벅 1인 기업가의 길을 걷는 **서사봉**
(용오름출판사 대표)

환상을 버리고 현실을 직시하라

대학을 다닐 때 주변에서 "출판사나 한번 차려볼까"라고 말하는 이들
이 종종 있었다. 더욱이 출판사에 다니고 있거나 출판과 관계된 일을
하고 있는 사람이라면, 또는 책을 좋아하는 사람이라면 아마 한번쯤
은 그런 생각을 해보았을 것이다. 실제로 해마다 2,000여 개에 이르는
신생 출판사가 생겨나는 것으로 집계되고 있다. 2005년 한 해만 2,800
여 곳의 출판사가 생겨났다. 출판사는 창업이 쉬울뿐더러 베스트셀러
라는 대박의 유혹이 크기 때문이다.

　하지만 모든 비즈니스와 마찬가지로 출판 창업은 결코 아무나 뛰어

들 수 있는 분야가 아니다. 창업한 신생 출판사들은 대부분 책을 한 권도 내지 못한 유령 출판사인 경우가 많다. 출판 전문가들은 "출판은 비전과 철학이 명확하지 않다면 결코 지속할 수 없는 마라톤과 같은 장기전이며, 출판 경험과 전문적 지식 그리고 업계의 네트워크가 두루 요구되는 전문직"이라고 강조한다. 출판 창업은 무엇보다 환상을 버리고 냉정하게 접근할 필요가 있다는 것이다.

최근 또 하나의 추세는 출판에도 '1인 출판'이 붐을 이루고 있다는 것이다. 1인 출판은 말 그대로 혼자서 기획·편집·제작·홍보·마케팅 등 출판의 전 과정을 진행하는 출판 시스템이다. 자본을 앞세운 '규모의 경제'에 걸맞은 출판 시스템을 갖추지 못할 바에는 고정비용 지출에 부담이 없는 1인 출판으로 창업하는 경우가 갈수록 늘고 있는 추세다. 출판계에서는 등록된 출판사 2만여 개 가운데 15퍼센트를 1인 출판사로 추정하고 있다.

1인 출판은 종래 출판업에 종사해 온 이들이나 기자 출신, 혹은 출판과 전혀 무관한 사람들이 창업을 하는 경우도 있다. 1인 출판을 하는 출판인은 크게 편집자 출신과 영업자 출신으로 나뉜다. 1990년대 중반까지 출판사 창업을 하는 이는 주로 영업부장들이었다. 전국 서점의 복잡한 유통망과 인맥을 쌓은 영업자가 뛰어난 출판인이었다. 그러나 최근에는 편집자 출신들이 뛰어들어 성공을 거두고 있다.

비즈니스 세계에서는 언제나 10퍼센트의 성공 확률을 보인다. 1인 출판도 마찬가지일 것이다. 《백만불짜리 습관》(용오름), 《창가의 토토》(프로메테우스), 《스키너의 심리상자 열기》(에코의서적), 《헌법의 풍경》(교양인) 등의 베스트셀러는 1인으로 운영되는 '나 홀로 출판사'가 터뜨린 대박 작품이다.

1인 출판사 '용오름'을 운영하고 있는 서사봉 씨(1964년생)는 일간지 기자 출신이다. 서사봉 씨는 1991년 한국일보에 입사해 경제부와 문화부 등을 거쳐, 2000년 5월에는 아예 신문사를 박차고 나왔다. 그가 처음부터 출판을 하려던 것은 아니었다. 인터넷의 맹렬한 진화와 함께 신문기자에 대한 사회적 영향력과 비전이 점차 약해져 가는 현실에서 새로운 일에 도전해 보고 싶었던 것이다.

서 대표는 준비된 1인 출판가라고 할 수 있다. 서울대를 나와 신문기자를 거친 뒤, 그는 누님이 운영하는 벤처회사에서 펀딩을 담당하다가 출판사 '사회평론'에서 실무 경험을 2년 동안 익혔다. 기자로 안주하기보다 전문성을 살려 자신의 일을 하고 싶었기에 실무 경력을 쌓고 1인 출판에 뛰어든다면 승산이 있으리라 판단했다.

서 대표는 2004년 2월, 1인 출판사를 차렸다. 퇴직금 2,500만 원 등 7,500만 원을 투자했다. 출판사를 등록하고 준비기간을 거쳐 10개월 만에 《10년 불황, Hit는 있다》라는 첫 책을 냈다. 이어 두 번째 책으로 자신이 직접 번역한 《백만불짜리 습관》은 단숨에 베스트셀러에 진입했다. 불황기에 읽을 만한 책이라는 콘셉트로 냈는데 그게 적중한 것이다.

두 책 모두 번역서이다. 1인 출판사의 경우 자본을 앞세워 공격적으로 국내 스타급 저자를 섭외하기는 어렵다. 이러한 이유 때문에 1인 출판사는 대부분 번역서에 의존한다. 번역서도 스타급 저자의 책은 대부분 메이저 출판사들이 먼저 계약을 하기 때문에, 그나마 이삭줍기 수준으로 접근해야 하는 현실이다. 이에 대해 서 대표는 "메이저급 출판사들이 훑고 지나간 자리라도 잘 들여다보면 독자들의 요구에 부응할 만한 책들은 얼마든지 있다"면서, "그러한 책을 발굴해 출판할 수 있는 혜안을 지니는 게 1인 출판가에게는 필수적인 덕목"이라고 강조한다.

상황에 따른 냉철한 판단력이 관건이다

《백만불짜리 습관》의 저자인 브라이언 트레이시Brian Tracy는 세계적인 경영 컨설턴트 중 한 명이라는 평가를 받고 있다. 그의 책과 교육 프로그램은 프랑스어, 독일어, 러시아어, 중국어, 핀란드어 등 20개 언어로 번역되어 이탈리아, 포르투갈, 홍콩, 말레이시아, 인도에 이르기까지 40여 국가에서 출간되었다. 브라이언은 그 자신이 빈털터리에서 부자가 된 실제 경험을 알리는 데 적극 노력했다. IBM, 포드, 휴렛팩커드 등 500여 기업의 컨설턴트로 활동하면서 리더십, 판매전략, 개인과 기업의 성공을 주제로 200만 명이 넘는 사람들에게 강연을 해왔다.

이처럼 화려한 이력을 가진 유명 저자를 메이저급 출판사들이 놓친 것은 서 대표에게는 행운이었다. 그는 직접 번역도 하면서 제작비용을 줄이기로 했다. 그가 《백만불짜리 습관》을 선택한 것은 불황기에 도움을 줄 수 있는 책을 만들겠다는 생각을 평소 해왔기 때문이다. 불황기에는 비용을 들이지 않으면서도 효과적으로 자기계발을 할 수 있는 방법이 필요한데, 이는 습관을 달리하는 것으로 쉽게 접근할 수 있다.

이 책의 번역이 끝나갈 즈음, 10년 불황을 겪은 일본에서 히트 상품을 분석한 책이 입수됐다. 우리나라도 불황을 겪고 있는 현실에서 오히려 이 책이 더 시의 적절하리라는 판단이 들었다. 8월에 사업자 등록을 하고 12월에 첫 책을 출간할 목표로 《백만불짜리 습관》을 거의 마무리해 둔 상태에서 계획을 긴급히 수정했다. 첫 책으로 《10년 불황, Hit는 있다》를 먼저 내고, 이어 2005년 1월에 《백만불짜리 습관》을 냈다. 새로운 습관 들이기를 다짐하는 신년 분위기에 맞춰 출시했다. 결과는 예상대로 적중해 단숨에 베스트셀러가 되었다. 서 대표는 2007년 1월에 《화의 심리학》을 출간했는데, 이 역시 베스트셀러에 진입했다.

작은 규모일수록 치밀한 경영전략과 경쟁력이 필요하다

먼저 그가 한 일은 출판사를 어떤 분야로 포지셔닝할 것인가였다. 그는 신문사에서 경제부 기자를 한 경험을 살려 자신이 경제경영 분야의 '표준 독자'가 될 수 있을 거라는 생각이 들었다. 독자가 요구하는 눈높이에 맞춘다면 베스트셀러가 될 수 있다는 판단이었다. 그리고 깊이 있는 전문 경제경영서보다 30, 40대 직장인에게 필요한 책으로 범위를 한정했다. 특히 그는 불황기에 오히려 직장인들이 책을 더 찾을 것이라는 마케팅 전략을 세우고 이에 맞게 책을 출간하고 있다. 이어 심리와 관련된 실용인문서로 영역을 확장하고 있다.

서 대표는 창의적인 기획 능력이 있다면 시간에 쫓기지 않고 좋은 책을 낼 수 있다는 점을 1인 출판의 가장 큰 이점으로 꼽았다. 반면에 자신이 모두 기획해야 하기 때문에 기획의 범위가 좁을 수 있고, 객관적인 평가를 내릴 수 없다는 단점도 있다고 한다. 그는 "이를 보완하기 위한 자신만의 인적 네트워크나 시스템을 갖추고 필터링할 수 있어야 한다"고 강조한다.

서 대표는 지난 2년여 동안 모두 9권의 책을 냈다. 그는 2년간의 성적표를 굳이 매긴다면 "넘치지는 못하지만 만족하는 수준"이라고 말한다. 최근에는 1인 기획의 단점을 보완하기 위해 여러 방안을 강구하고 있지만, 당분간 1인 출판을 견지해 나갈 생각이라고 한다. 언젠가는 기획과 편집, 마케팅 등 출판 시스템을 갖춰 기업형 출판사로 가야겠지만 아직은 시기상조라는 게 그의 진단이다.

경제의 전 분야에서 메이저만 살아남는 '규모의 경제'가 맹렬한 신자유주의가 출판시장에서도 예외는 아니다. 요즘은 더욱이 기획출판과 함께 광고가 한층 위력을 발휘하고 있다. 메이저 출판사는 돈과 광고를 내세워 인기 있는 베스트셀러 저자를 선점하고 있다. 저자들은 이제 출판시장의 논리를 알고 아예 처음부터 고액의 계약금과 함께 광고 계획안까지 요구하고 있는 실정이다. 이런 상황에서 중소형 출판사나 1인 출판사는 게임이 되지 않는다.

바야흐로 아무리 좋은 내용의 책도 광고를 통해 독자들에게 알려지지 않으면, 마치 존재하지 않는 책처럼 이내 서점에서 사라지는 운명이 되고 마는 게 현실이다. 미디어의 영향력이 갈수록 커지고 있는데, 출판도 예외가 아닌 것이다. 책의 소비가 광고와 미디어에 의해 좌우되는 시대에 중소 출판사들의 입지는 갈수록 줄어든다. 아무리 내용이 좋은 책을 출판해도 광고와 미디어의 힘을 얻지 못하면 초판도 팔지 못하고 서점의 매대 위에서 사라지게 된다. 달리 말하자면 그 책은 출판은 했으되 출판하지 않은 책의 신세가 되고 만다.

또한 자본력도 갖추지 못한 채 규모의 경제 속으로 성급하게 뛰어들었다가는 질식당할 수 있다. 제조업에서 볼 수 있듯이 중간 규모는 치밀한 경영전략과 경쟁력이 뒷받침되지 않는다면 살아남기가 점점 더 어려워지고 있다. 광고와 미디어의 위력 앞에서 중소 규모의 상품들은 고사 위기에 처하기 십상이다.

황소걸음으로 뚜벅뚜벅 가자

광고와 미디어에 의해 책이 이미지로 소비되는 시대에 1인 출판의 길은 험난하기만 하다. 그럼에도 서 대표가 천천히, 뚜벅뚜벅 걸어가기로 결심한 것은 바로 자본의 논리가 앞서는 출판시장을 염두에 두고 있기 때문이다. "자본의 힘이 미약하다면 차라리 자본의 힘이 미치지 못하거나 소홀한 틈새를 공략하자"는 것이 그의 생각이다.

서 대표는 "1인 출판사가 안정권에 접어들기 위해서는 먼저 출판사의 시스템을 갖추는 데 매달리기보다 고정으로 들어가는 비용을 최소화하는 게 더 안정적이다"라고 말한다. 그는 빨리 가려 하기보다는 '천천히, 뚜벅뚜벅' 가기로 방침을 정했다고 한다. 그는 "당분간 1인 출판의 장점을 최대한 활용하며 1인 출판사의 기반을 착실히 쌓을 계획"이라면서, "자본 여력이 충분할 때 직원을 채용하여 본격적으로 출판사의 시스템을 갖추어도 늦지 않다고 생각한다"고 말한다. 무리하게 출판사 시스템을 갖추려고 하다 보면 오히려 좋은 책을 내지 못하고 고사할 우려가 있기 때문이다.

서 대표는 "출간할 때마다 새로 창업하는 기분이 들 정도로 불안정성이 상존한다"면서, "1인 출판 고유의 생존방식을 어떻게 유지하느냐가 관건"이라고 말한다. 특히 1인 출판사의 경우 기획력이 부족할 수 있다. 출판의 시스템을 갖고 있다 해도 기획력 부재에 시달리고 있는데, 1인 출판사의 경우는 말할 필요도 없는 것이다. 이에 대해 서 대표는 "기획력 문제는 자신의 인적 네트워크가 얼마나 잘 가동되고 있는가에 달려 있다"면서, "우리 주변에 수없이 떠도는 정보를 취사선택하는 혜안이 절대적으로 필요하다"고 강조한다.

이에 따라 출판가에서는 1인 출판의 장래에 대해 비관론과 낙관론이 교차한다. 비관론자들은 1인 출판의 경우 영세성으로 인해 장기적인 존립이 불투명하다고 말한다. 대한출판문화협회 자료에 따르면, 2005년에 단 한 권이라도 신간을 펴낸 출판사는 전체의 7.6퍼센트인 1,715곳에 불과하다. 이는 1년에 등록하는 출판사 숫자보다도 적다. 1인 출판으로 시작했다 폐업하는 출판사도 많다. 더욱이 한 사람이 출판의 전 과정에서 전문가일 수는 없기 때문에 출판은 근본적으로 '1인 출판'이 될 수 없다고 말하는 출판인들도 있다.

반면 1인 출판에 대해 낙관론을 펴는 이들도 있다. 미국 출판인 제이슨 엡스타인은 《북 비즈니스》에서 "디지털 기술의 발달 덕분에 장인정신의 1인 출판 황금시대가 온다"고 전망한다. 엡스타인의 분석에 따르면 1인 출판이 더 확산될 것으로 전망할 수 있다. 디지털화로 책 만드는 게 쉬워져 제작비가 예전보다 3분의 1 수준이 됐고, 인터넷서점과 대형서점으로 유통이 집중되었다는 점과 제작·마케팅 등 외부 시스템이 발달한 것도 1인 출판에 유리한 생존환경을 만들고 있다는 것이다.

물론 서 대표는 1인 출판의 낙관론에 서 있다. 그는 "생물학적 나이가 길어지는 100세 수명 시대지만 조직에 머물면서 일할 수 있는 기간은 점점 짧아지고 있다"면서, "1인 출판의 매력은 갈수록 높아질 수밖에 없을 것"이라고 말한다. 이는 또한 대기업이건 출판사건 조직이 개인에게 해줄 수 있는 일은 한계가 있을 뿐 아니라, 아무리 훌륭한 조직이라도 개인의 문제를 다 해결해 줄 수는 없기 때문이다.

한편 1인 출판사를 계획하고 있다면 우선 한국출판인회의가 출판전문인력을 양성하기 위해 운영 중인 sbi(서울북인스티튜트)에서 교육받을 필요가 있다. sbi는 편집자 입문, 교열교정, 출판제작, 편집장, 창업자, 출판디자인, 출판마케팅, 편집디자인 실무를 위한 DPT 과정 등 8개 정규과정에 실용서 편집자, 아동서 편집자, 출판경리회계, 북아트 과정 등 4개 강좌를 추가로 신설했다. 8개 정규과정 중 대학생과 출판계에 입문하려는 일반인이 주로 신청하는 '편집자 입문' 과정이 가장 인기가 높다.

1인 출판사를 설립하기 위해서는 회사 이름을 정해 구청에 개인사업자를 등록한 뒤, 세무서에 사업자 신고를 하고 사업자등록증을 받으면 된다.

일, 비전 그리고 멘토링···

출판가에도 광고와 마케팅의 위력이 거세지면서 1인 출판사의 입지가 더욱 위축되고 있는 현실입니다. 그렇지만 틈새를 공략하면 진흙 속에서 진주를 캘 수 있다고 확신합니다. 메이저 출판사들이 놓친 이삭줍기도 가능합니다. 부지런히 뛰고 생각하는 만큼 벌어들일 수 있어 좋습니다. 자금력이 모이면 언젠가 출판사의 시스템을 갖춰가야겠지만, 비약적인 발전을 하기 전까지는 1인 출판사가 유용한 방안이라고 확신합니다.

다만 1인 출판사는 혼자 기획에서 마케팅까지 해야 하므로 한계가 있습니다. 그렇지만 한계는 어디서건 존재하는 것이 아닐까요.

서 / 사 / 봉

브랜드의 진화 신문기자 → 벤처회사에서 펀딩을 담당하다가 출판사 사회평론에서 2년간 실무 경험 → 출판사 '용오름' 대표.

자본금 신문기자 10년+출판사 실무 2년=경험과 안목. 실제 투자금은 7,500만 원.

대표적 생산품 경제경영 분야 출판. 심리학 분야로 확대.

인생의 터닝 포인트 두 번째 출간한 《백만불짜리 습관》이 베스트셀러가 되어 출판사 이름을 세상에 알림.

수입원 포트폴리오 몇 년 버틸 정도의 실탄 비축.

1인 기업가로서의 신조 불황 때 도움이 되는 책을 만들고 싶다.

자신만의 아이덴티티를 찾아 전문화하라

(주)효성을 그만두고 유머경영 컨설턴트로서 새로운 인생에 도전한 **양내윤**
(유머경영연구소 소장)

나의 주체할 수 없는 '끼'는 무엇인가?

요즘 직장인들은 발 빠르게 행동한다. 특히 30대 직장인들의 처세술은 다른 연령대보다 훨씬 기민하고 역동적이다. 그 이전 세대들보다 눈치를 보는 일이 별로 없다. 직장생활도 이게 아니다 싶으면 과감하게 결단을 내린다. 살벌한 기업환경에서 살아남기 위한 처세다. 이런 세태로 인해 요즘 직장인들의 꿈이 '지긋지긋한' 직장을 뛰쳐나가 홀로서기를 하는 것이지만, '먹고사는' 문제가 해결되지 않아 결행을 못하는 경우가 대부분이다. 그러나 자신의 전문성과 끼, 능력을 믿는다면 결행 후에 먹고사는 문제를 해결하는 것도 하나의 방법일 수 있다. 유머경영연구소의 양내윤 소장(1971년생)이 바로 이러한 경우에 해당한다.

세상이 삭막해지고 여유가 없어서인지 '웃음'이 화두로 등장한 지 오래다. 유머감각 뛰어난 사람이 '좋은 신랑감 0순위'이고, 연예계에서도 개그맨이 상한가를 치고 있다. 어느 자리든 유머 있는 사람에게 사람들이 몰린다. 반면 유머 없는 사람은 왠지 부족하고 융통성이 없는 것처럼 비치기도 한다. '유머=능력'이라는 공식이 성립될 정도로 '유머 강세' 세상이다. 더욱이 유머가 단순히 웃음 그 자체로 끝나지 않고 생활의 활력소이자 기업의 생산성 향상으로 이어지게 한다면 더할 나위 없을 것이다.

양내윤 소장은 단순히 웃음을 주는 개그맨이 아니다. 바로 웃음을 기업경영에 접목해 생산성을 높이자는 '유머경영'을 주창한다. 즉 유머로 직장인들에게 직장생활의 활력을 되찾아 주고, 나아가 기업의 생산성을 높이는 데까지 이르게 하는 '웃음 전도사'이다. 양 소장은 베이비붐 이후 세대에 속해서인지 캐릭터가 밝다. 환한 웃음이 매력 그 자체이다. 그래서 유머경영의 전도사가 되었겠지만 말이다.

유머경영이란 유머를 통한 원활한 대인관계를 바탕으로 하는 경영 방식이며, 경직된 조직을 결속시키고 부서 간의 벽을 허무는 유머 리더십으로 실현시킬 수 있다. 양 소장은 이미 기업체의 인기 강사로 자리 잡았지만, 강의를 나갈 때마다 수강생들과 벽을 허물기가 여전히 어렵다고 말한다. 그는 "흔히 '리더십 강사는 리더십이 없고, 유머 강사는 유머가 없다. 또한 매너 강사는 매너가 없다'라는 말이 있는데, 이는 자신의 아이덴티티를 잘 살리지 못한 경우"라고 말한다. 그 역시 이러한 빈정거림을 당하지 않는 강사가 되기 위해 노력한다. 그래서 그가 시도하는 게 '벽 허물기 퍼포먼스' 다. 즉 강의를 시작하기에 앞서 '마음 열기Break The Ice' 를 위한 퍼포먼스를 한다. 때로는 토마토처럼 생긴 소품을 보드판에 던져 달라붙게 하는 우스운 상황도 연출한다. 토마토는 남성의 전립선에 아주 좋은 과일을 상징하는데, 이러한 메시지를 주면서 퍼포먼스를 하고 수강생들을 동참시키면 몸과 마음이 절로 열린다는 것이다. 그는 "강의도 아트"라면서 수강생들이 1분에 한 번씩 웃을 수 있는 강의를 위해 노력한다.

양 소장의 전공은 뜻밖에도 토목공학(성균관대)으로, 그는 토목기사 1급 자격증까지 보유하고 있다. 대학 졸업 후 효성에 병역특례로 입사한 그는 아파트 공사현장에 배치받았다. 그는 효성 신입사원 연수 시 400여 명의 동기생 앞에서도 흥을 돋워주는 감초 역할을 자청했다. 아침 연수를 시작하기 전에 10분 정도 그가 무대에 서면 순간 교육장은 웃음바다가 되었다. 당연히 연수의 딱딱한 분위기는 눈 녹듯이 사라졌다. 교육을 받으면서 누구나 겪는 따분함을 덜어주자 동기들은 덩달아 신이 났다. 회사는 행사 때마다 그를 불러 사회를 맡겼다. 이로 인해 그는 효성에서 '사내 연예인' 으로 불릴 정도로 인기를 누렸다.

업무에 '흥' 을 접목하라

그는 공사현장에서도 동료들에게 늘 웃음을 주었다. 그래서인지 그가 속해 있는 작업반은 다른 작업반보다 아파트를 한두 층씩 더 올렸

다. 공사가 끝나면 현장소장은 작업 능률을 올려주는 그를 데려가려
고 했다.

"공사현장에 있으면서 내가 정말 잘할 수 있는 일은 '남을 재밌게
해주는 일'이라는 사실을 뒤늦게 깨달았습니다. 유머감각 때문에 오
지 발령을 면했을 정도니까요."

그는 자신이 다른 사람에게 '즐거움을 주는 일'에 소질이 있음을
깨달았다. 대학 때부터 각종 행사의 사회를 맡기도 했지만 자신의 끼
가 그 정도인 줄은 미처 몰랐다.

"대학 다닐 때 우연히 학과 졸업환송회의 사회를 보게 되었습니다.
레크리에이션 책을 참고하면서 했는데 예상외로 반응이 좋았습니다.
주위에서 잘한다고 하니까 괜히 신이 나고 자신감도 생겼죠. 그때부
터 환영회 등의 행사가 있을 때면 단골로 사회를 보았죠. 제 유전자에
그런 끼가 있나 봅니다."

양 소장은 공군 장교로 입대하려다가 효성에 병역특례로 합격해 입
사했다. 그는 "아마도 공군 장교로 먼저 갔다면 그곳에서도 사회를 보
았을 것"이라며 그의 트레이드마크가 되다시피 한 웃음을 활짝 지어
보인다.

그는 건설현장 경험을 통해 철저하게 점검하는 습관을 들였다. 공
사현장에서는 철저하게 점검하지 않으면 부실공사를 유발할 수도 있
고, 또한 안전 불감증으로 생명을 잃을 수도 있다. 그래서 그는 철근,
형틀, 콘크리트 작업이 진행될 때마다 항상 "확인, 확인, 확인"을 반
복했다. 이러한 습관이 몸에 밴 그는 유머경영 전문가로 활동하며 바
쁘게 강의를 하면서도 강의 전에는 반드시 마이크 상태나 자리 배치

등을 확인한다. 강의할 때 마이크가 불량이거나 자리 배치가 제대로 되어 있지 않으면 강의의 능률과 집중도에 안 좋은 영향을 미치기 때문이다. 주어진 시간에 최고의 강의를 하려면 '확인'이 필수적이라는 것이다.

건설현장에서 그는 자신의 장점이 '다른 사람에게 즐거움을 줄 수 있다'는 것임을 깨닫고 새로운 인생에 도전해 보기로 결심했다. 목표가 정해지자 그는 서둘러 결행했다. 그가 결심을 굳힌 것은 자기계발책을 통해서였다. 그는 짐 콜린스의 《좋은 기업을 넘어 위대한 기업으로Good to Great》를 보고 "위대한 기업으로 도약하기 위해서는 잘할 수 있는 일, 하고 싶은 일을 찾아야 하고 나아가 꼭 해야 할 일을 찾아야 한다"는 말을 가슴속에 새겼다. 양 소장은 자신도 잘할 수 있는 일과 하고 싶은 일을 찾는 데서 더 나아가 자신이 아니면 안 되는 그런 일을 해보고 싶었다.

즐겁게 일할 수 있는 시스템을 가동하라

양 소장은 입사한 지 3년 8개월 만에 효성을 나와(1997년) 자신만의 길을 찾는 일에 착수했다. 처음 그가 들어간 곳은 SBS방송아카데미의 아나운서MC과정이었다. MC라는 직업이 대중적으로 즐거움을 줄 수 있는 일이라고 생각한 것이다. 펄쩍 뛰시며 반대하는 부모님을 겨우 설득해 딱 1년만 지켜봐 달라고 했다.

아나운서MC과정을 거치면서 그는 웃음을 경영에 접목해 기업의 생산성을 향상시키는 일을 해보겠다고 마음먹었다. 웃음이 기업의 생산성을 향상시킬 수 있는 윤활유 역할을 할 수 있다면 그보다 더 좋은 일은 없다는 생각이 들었다. 이는 우리나라에서는 누구도 가지 않은 길이었다. 벤치마킹할 역할모델이 없다는 게 답답한 노릇이지만, 그만큼 자유롭게 일할 수 있는 것이다.

그는 "웃음 강연이 단지 일회성으로 끝나면 그 이상의 의미가 없다"면서, "유머경영이 기업의 생산성 향상으로 연결되기 위해서는 무엇보다 즐겁게 일할 수 있는 시스템을 만드는 것이 중요하다"고 말한다. 임직원과 고객이 조직이나 시스템 그 자체에서 웃음을 머금게 하는 일이 더 중요하다는 것이다.

가령 노스웨스트항공이 저가 항공으로 성공할 수 있었던 것은 가격 파괴에도 원인이 있지만, 여행객들이 즐겁게 비행기를 이용할 수 있는 기내의 '펀fun 시스템'이 한몫했다는 것이다. 이 항공사는 자리 배치를 안 한다. 이는 승객에게 일종의 재미와 스릴을 안겨줄 수 있다. 예컨대 선남선녀의 경우 가능한 한 '님도 보고 뽕도 따는' 자리를 원할 것이다. 자리가 고정돼 있다면 노인과 함께 다섯 시간을 가야 할지도 모르지만, 스스로 자리를 선택할 수 있다면 자신의 이상형이 앉아 있는 옆자리를 차지하거나 더 나아가서 그 사람과 영원히 자리를 함께할 수도 있을 것이다.

다니엘 핑크는 《새로운 미래가 온다A Whole New Mind》에서 "다른 항공사들이 파산 상태에서 비틀거리고 있을 때에도 노스웨스트항공은 성공적인 경영 성과를 보였다"면서, "노스웨스트항공이 '즐겁게 일하지 못하는 사람은 어떤 일에서도 좀처럼 성공을 거두지 못한다'는 펀경영을 하고 있다는 사실은 즐거움의 중요성을 보여준다"고 강조한다. 즉 노스웨스트항공처럼 저가이면서 재미가 있으면 고객은 이를 기억했다가 다시 이용하기 마련인데, 이는 노스웨스트항공이 전략적으로 '펀경영'을 활용해 성공했다고 볼 수 있다.

양 소장은 외국계 기업에 강연을 가면 임직원들의 표정이 밝지 않다고 말한다. 외국계 기업의 경우 조직문화가 너무 개인적이어서 다른 사람에게 신경을 쓰지 않는데, 임직원들은 몸값을 많이 주는 회사가 있으면 언제든지 회사를 옮긴다. 어차피 서로 경쟁자이고, 또한 관계가 오래 지속될 것도 아니기 때문에 서로 신경을 쓰지 않는 것이다. 이는 개인적으로는 장점이 되기도 하지만 기업 전체로 볼 때는 손해인 경우가 많다. 따라서 앞으로 기업은 유능한 인재를 영입하는 것도 중요하지만, 인재가 다른 기업으로 떠나지 않게 하는 것이 더 중요하다고 그는 강조한다. 그러기 위해서는 회사라는 조직이 즐겁게 일할수 있는 곳임을 임직원들이 느끼게 만드는 시스템이 중요하다. 그래서 그는 위대한 기업을 만들기 위해서는 '신뢰trust'와 '자긍심pride'에 더하여 '즐거움fun'이 필수적이라고 한다.

양 소장의 미래 꿈은 당차다. 그는 1인 기업가로 국내의 유머경영 전도사에 머물지 않고 글로벌 전도사를 꿈꾼다. 그는 이미 싱가포르에 사무실을 하나 마련해 두었다. 동남아를 거쳐 세계로 나아가겠다는 게 그의 야심 찬 목표다. 그리고 유머경영을 체계화하기 위해 그는 경영학 석사학위를 이수한 데 이어 박사과정도 밟을 예정이다.

일, 비전 그리고 멘토링…

경제가 어려워지고 살기 힘들수록 웃을 기회가 적어집니다. 반면 웃음에 대한 니즈needs는 증가하죠. 웃음은 스트레스를 극복하고 노화를 방지할 뿐 아니라, 기업에서는 생산성을 향상시키는 묘약임이 증명되고 있기 때문입니다. 저는 웃음과 경영의 접목으로 새로운 틈새 영역에 도전하고 있습니다. 유머경영은 수익모델로도 잠재력이 풍부하다고 생각합니다. 웃음은 불경기일수록 더 잘 팔릴 테니까요.

자신만의 잠재력을 일깨우고, 끼를 적극적으로 내세우고, 전문 교육과정이나 학위과정을 이수하며 미래에 대비해야 하는 시대! 여기에 동의하지 않는다면 위기관리가 전혀 안 되고 있다는 반증이 아닐까요? 잠재해 있는 자신의 끼를 믿으세요. 일단 믿어보시라니까요. 그러면 새로운 자신을 만날 수 있을 것입니다.

양/내/윤

브랜드의 진화 대학 때 각종 행사의 사회자로 활동 → 1993년에 (주)효성 입사 후 3년 8개월 근무 → SBS방송아카데미 아나운서MC과정 → 유머경영 전문가로의 변신(유머경영연구소 소장).

자본금 끼, 흥.

대표적 생산품 유머경영(웃음 코칭, 유머 코칭). 먹고살기 힘들수록 '웃음' 의 니즈는 늘어난다.

인생의 터닝 포인트 매너 스킬 강사 등을 거쳐 2004년부터 TV방송을 타면서 웃음 전도사로 자리매김.

수입원 포트폴리오 강연+컨설팅. 1인 기업가로 활동하지만 5명의 스태프를 둘 정도이니까 그만큼 수입이 좋다는 의미.

1인 기업가로서의 신조 '나는 즐거운 사람이다' 라고 생각하면 그 순간부터 세상이 즐거워진다.

변화 속에는
늘 기회가 숨어 있다

헝그리 정신으로 자신만의 길을 개척해 나간 **황윤정**
(쇼핑몰 창업 전문 컨설턴트)

엄마형 리더십을 갖춰라

"여자가 돼서 그런 것도 못하냐!"

요즘 우리 사회는 그야말로 '여성 상위시대'다. 사회생활뿐 아니라 성생활 면에서도 여성이 적극적으로 주도하고 있다. 우리나라 여성은 성적 문제를 해결하는 데 있어서 세계에서 가장 주도적으로 나선다고 한다. 사회 진출을 보더라도 여성의 비율이 남성을 앞지른 분야가 점차 많아지고 있다. 행정고시 합격자 중 여성 비율이 40퍼센트를 넘었고, 대학에서는 여성 비율이 60퍼센트를 넘은 곳도 있다고 한다. 요즘 대학교는 물론 초등학교에서도 여성 전성시대다. 반에서 10등 이내에 남자아이는 별로 없다.

이러한 현상은 여성이 교육을 통해 사회적 자신감을 회복하면서 생긴 측면도 있지만, 그보다 정보사회나 지식사회가 바로 섬세하고 배려하고 잘 보살피는 리더를 원하기 때문이다. 섬세하게 돌보고 배려하는 것은 남성보다 여성이 더 잘한다. 따라서 지식사회에서는 남자도 '엄마형 리더'가 되어야 한다는 주장이 나오고 있다. 즉 모든 남성은 가부장적이고 부정적인 남성성을 버리고 여성성의 장점을 흡수해야 살아남을 수 있는 시대가 오고 있는 것이다.

5년 뒤, 10년 뒤 미래를 그려라

KBS1 〈뉴스9〉를 5년간 진행해 온 정세진 아나운서가 2006년 12월에 앵커직을 그만두고 돌연 미국 유학길에 올랐다. 2001년 11월 KBS1 〈뉴스9〉의 여성 앵커로 발탁된 정세진 아나운서는 5년간 차분한 진행으로 시청자들의 사랑을 받아온, KBS 뉴스의 간판 앵커였다. 그런 그가 아나운서라면 누구나 선망하는 앵커 자리를 그만두었다. "마흔 살을 어떻게 살 것인지를 준비해야 하는 시기라 생각했다"는 것이 그 이유였다. 방송에 입문한 지 10년차로 아직 미혼이지만, 마흔 이후를 대비하기 위해 앵커직을 그만두었다는 것이다. 정 아나운서는 미국 콜롬비아대 동아시아연구원으로 1년간 유학길에 올랐다.

현대 직장인이라면 누구나 '마흔 이후'를 고민한다. 아나운서라고 예외일 수는 없다. 강수정 아나운서는 인기 MC 자리를 내놓으면서

KBS에 사직서를 내고 프리랜서를 선언했다. 방송사는 강수정 아나운서가 사표를 내자 그가 맡았던 프로그램의 MC 자리를 그만두게 하면서 노골적으로 불이익을 주었다. 아마도 그의 영향을 받아 아나운서들이 줄줄이 프리랜서를 선언하는 후폭풍을 우려했기 때문일 것이다.

아나운서라는 직업이 특히 여성에게는 ‘얼굴 마담’에 비유될 정도로 생명력이 길지 않은 점에 비춰보면, 정 아나운서의 선택은 어쩌면 여성 아나운서의 사회적 위상을 반영한 것이라고 할 수 있겠다. 그렇지만 강수정 아나운서는 “프리 선언을 하기 전후로 한 달가량 ‘혹시 일이 안 들어오면 어떻게 하나’라는 생각에 잠도 제대로 자지 못했다”고 털어놓았다. 그만큼 프리랜서의 길이 고생길인데도 그가 왜 KBS를 뛰쳐나왔을까를 생각해 보면, 정답은 지금이 아니라 곧 다가올 5년 내지 10년 뒤의 ‘미래’ 때문일 것이다.

이들이 인기와 안정된 자리를 박차고 유학을 떠나거나 프리랜서로 나서는 것은 정세진 아나운서의 말처럼 ‘마흔 이후’의 삶을 대비하기 위해서일 것이다. 이들과 전혀 다른 길을 걷고 있지만 ‘마흔 이후’에 라디오 프로그램의 MC를 장래 목표로 정한 이가 있다.

쇼핑몰 창업 컨설턴트로 맹활약하고 있는 황윤정 씨(1974년생)는 ‘골드버그몰www.goldbugmall.com’이라는 1인 기업을 운영하면서 쇼핑몰 창업 컨설턴트, 방송인, 칼럼니스트, 저자, 강사 등으로 활동하는 이른바 ‘멀티족’이다. 그녀 나이 또래의 직장인이라면 대기업에서 한창 자리 걱정을 하고 있을 것이지만, 황 대표는 더 멀리 내다보며 미래를 계획하고 있다.

황 대표의 명함에는 자신을 소개하는 직함이 한두 개가 아니다. 그는 쥬얼리 쇼핑몰인 골드버그몰을 창업, 성공적으로 운영하면서 현장에서 쌓은 경험과 노하우를 바탕으로 '황윤정의 e창업교실 www.prohwang.com'을 통해 쇼핑몰 컨설팅을 하고 있다. 현재 한양여대 인터넷정보과 겸임교수로 재직 중이며 '전자상거래 실무' 과목을 강의하고 있고, 숙명여대에서도 'E-커머스 창업' 과목을 강의하고 있다.

현재 1인 기업가로 활발하게 활동하는 황 대표는 여러 경험을 축적한 뒤 자신의 이름을 건 라디오 프로그램을 진행해 보는 게 장래의 꿈이라고 한다. 정세진 아나운서가 이미 마흔 이전에 누구나 선망하는 화려한 앵커 경력을 소유했지만 마흔 이후를 내다보며 미국 유학에 나선 것과 대조적이라고 할 수 있다. 황 대표는 마흔 이전에는 멀티형 인재로 사회적 경력을 쌓고, 이런 탄탄한 이력을 발판으로 마흔 이후에 자신의 목소리를 본격 내보겠다는 것이다.

작은 것이라도 결코 소홀해서는 안 된다

멀티형 1인 기업가인 황윤정 씨는 대학 시절부터 도전정신으로 자신의 길을 개척해 나간 경우라고 하겠다. 그녀의 이야기를 들어보면 대기업에 취직하지 않고도 자신만의 브랜드를 만들어 나갈 수 있음을 확인할 수 있다. 요즘 구직자들은 너나할 것 없이 대기업이나 공무원 시험에 목을 매다시피 하고 있는 실정이지만, 발상을 전환한다면 자신이 좋아하는 분야에서 즐기며 일할 수 있는 일들을 얼마든지 찾을 수 있다는 것이다.

황 대표는 자신에게 주어지는 일이나 도전해 보고 싶은 일이 있으면 언제든지 '할 수 있다'는 자신감으로 임했다. 그녀는 "지금까지 살아오면서 일이 주어졌을 때 거절한 적이 없다"면서, "기회는 그럴 때마다 찾아와 나의 앞길을 열어주었다"고 말한다.

미래에 대한 고민으로 대학 2학년을 마치고 휴학을 한 황 대표는 인텔코리아에서 아르바이트를 했다. 이것이 처음 인터넷을 접하게 된 계기였는데, 결국은 황 대표 인생의 터닝 포인트가 되었다. 복학 후에는 자신이 다니는 대학에서 인터넷 강사로 장학금을 받으며 졸업 때까지 일했다. 또한 인텔사에서 졸업 때까지 계속 일하면서 사회적 경험을 쌓으며 공부도 할 수 있었다.

이러한 경험 덕분에 졸업학기 때는 매경TV 인터넷 프로그램의 한 코너를 고정으로 맡아 방송생활을 시작했고, 이후 2년간 진행을 맡았다. 또한 전자신문 등에 칼럼을 연재했는데, 이는 또 다른 일을 할 수 있는 기회로 이어졌다. 2002년에 영진출판사(현 영진닷컴)에서 《나, 인터넷에 가게 차렸어》라는 책의 출간을 제의했고, 당시 황 대표는 인터넷 창업에 문외한이었지만 30일 동안 직접 쥬얼리 쇼핑몰을 창업하면서 그 과정을 책으로 만들었다.

그가 인터넷을 처음 접한 것은 대학 2학년 때 휴학을 하고 인텔코리아에서 아르바이트를 하면서이다. 그때가 1996년으로 황 대표는 그 이후부터 인터넷을 일터 삼아 일하기 시작해 방송국까지 진출했다. 인터넷을 기반으로 일하다 보니 인터넷의 최신 소식들에 자연스레 귀 기울이게 되었고, 2001년 겨울에는 쇼핑몰에 관심을 가지기 시작했다.

"어느 날 평범한 한 주부가 야후에 소호 쇼핑몰을 만들어 성공했다는 기사를 접했습니다. 문득 나도 쇼핑몰을 해보면 어떨까, 하는 생각을 하게 되었고요. 마침 영진출판사로부터 초보자도 누구나 쇼핑몰을 창업할 수 있도록 돕는 책의 집필을 의뢰받았습니다. 여러 방면으로 기회를 찾고 있던 제게는 딱 맞는 상황이어서 책을 집필하며 쇼핑몰 창업도 동시에 도전해 보리라 마음먹었지요."

그렇게 해서 탄생한 책이 《나, 인터넷에 가게 차렸어》이다. 황 대표는 "이 책은 두말할 것 없이 나에게 인생의 또 다른 길을 열어주었다"고 말한다. 인터넷 분야에서 쇼핑몰 창업이라는 경험을 하게 해주었고, 지금의 활동을 하도록 이끌어 주었기 때문이다. 이 책은 초보자도 누구나 쉽게 쇼핑몰을 만들고 운영할 수 있음을 보여주는데, 황 대표는 이 책을 통해 쇼핑몰 창업 컨설턴트로 나설 수 있었다.

이 책을 쓸 당시는 인터넷 쇼핑몰도 별로 없고, 어떻게 쇼핑몰을 창업하면 되는지 가이드해 주는 강좌도 없었다. 혼자 알아보며 쇼핑몰 오픈을 준비해서 그 과정을 책에 실었는데, 쇼핑몰 창업에 관심을 가진 잠재적 수요자들이 많았던지 출간되자마자 베스트셀러가 되었다. 황 대표는 지금까지 창업 관련 책 4권 등 모두 7권을 냈다.

황 대표는 "도전정신만 있으면 자기 브랜드를 만들면서 미래를 개척해 나갈 수 있다"면서, "일을 하다 보면 시너지가 생기고 그게 쌓이면 무시할 수 없는 자신만의 콘텐츠를 만들어 나갈 수 있다"고 강조한다. 그녀가 대학을 졸업한 뒤 취직하지 않고 아예 1인 기업가로 내공을 쌓아오면서 항상 마음속에 간직하며 와신상담한 원칙이 있다.

1. 기회가 오면 무엇이든지 '할 수 있다'는 생각으로 임하라.

2. 아르바이트일지라도 그때그때 일에 충실하라.

3. 자기 자신이 브랜드가 될 수 있다는 자신감을 가져라.

황 대표는 "나의 사전에 'No'란 없다"라는 다짐을 하며 적극적으로 도전한 것이다. 인터넷 도메인이나 이메일을 만드는 것이 생소했던 시절에 그는 같은 또래의 대학생들에게 이를 가르치며 아르바이트했다. 이게 그의 인생을 바꾼 하나의 작은 사건이라고 할 수 있다. 원래 큰 변화는 작고 사소한 것에서 시작한다.

황 대표는 그 작고 사소한 일을 결코 가볍게 생각하지 않고 최선을 다해 일했다. 그러자 문이 하나둘 열리기 시작했다. 외국계 기업에서 아르바이트로 일할 기회가 생겼는데, 그녀는 여기서도 적극적으로 일해 두각을 나타내어 더 근무할 수 있었다. 작고 사소한 일들이 점점 큰일들을 맡도록 징검다리를 놓아주었다. 이어 케이블 방송에서 인터넷 관련 프로그램을 맡았고, 이게 알려지자 인터넷 관련 책을 쓰자는 제안을 받기에 이르렀다. 쇼핑몰 창업에 문외한인 그가 쇼핑몰 창업에 관한 책을 쓴 것이다. 그리고 이 책은 황 대표를 쇼핑몰 창업 컨설턴트로 나서게 해주는 큰 계기를 만들어 주었다.

황 대표의 성공 스토리가 알려지자 서울여대 등에서 '이 여자가 사는 법'이라는 강의를 요청해 오기도 했다. 취업난 시대에 그녀의 한발 앞선 적극적이고 도전적인 삶은 그 자체가 성공적인 취업 스토리가 아닐 수 없다. 그는 대기업이나 공무원에 합격한 것보다 훨씬 더 의미 있는 도전기를 쓸 정도가 되었다. 어쩌면 황 대표의 도전이야말로 '인생은 기획이고 마케팅' 이라고 부르짖는 요즘의 독립 지향적인 여성들이 희구하는 콘셉트에 가장 잘 부합할 것이다. 그래서인지 프리에이전트 시대에 나름대로 멋지게 살아가는 황 대표에게서 삶의 노하우를 듣고 싶다며 강의 요청이 쇄도하고 있다. 이미 그녀는 여성들이 부러워하는 프리에이전트이자 인기 강사로 자리매김하고 있다.

기회는 다가오는 것이 아니라 스스로 만드는 것이다

황 대표의 성공 스토리는 취업난을 겪고 있는 대졸자들의 역할모델로 손색이 없다. 사실 요즘 대학생들을 보면 한심하다는 생각조차 들기도 한다. 대학 도서관에서 취업 준비를 하는 대학생들의 모습은 필자가 대학에 다녔던 25년 전이나 거의 비슷하다. 토플이나 토익을 공부하거나 공무원 시험과 고시 준비에 여념이 없다. 다만 한 가지 예전과 다른 풍경은 그들이 노트북을 이용해 동영상 강의를 듣는다는 점이다.

문제는 세상이 너무 변했는데도 대학생들의 취업을 준비하는 태도는 거의 변하지 않았다는 점이다. 물론 기업에서 인재를 선발하는 형태가 달라지지 않은 탓도 있다. 그러나 도서관에서 토익이나 수험서를 공부하는 것만으로는 급변하는 세계에 능동적이고 적극적으로 도전할 수 없다. 차라리 더 넓은 세상에 나가 도전하는 게 나을 것이다. 대기업 취직이 살아가는 방식의 전부가 될 수 없음에도 대학생이나 대졸 구직자들은 오직 대기업에 목맨다. 중소기업이나 벤처기업에 들어가도 다시 대기업으로 전직하려고 기를 쓴다. 그러나 막상 대기업에 취직해 보면 6개월도 지나지 않아 기대는 실망으로 바뀌고 만다. 대기업은 개인의 꿈을 키워줄 만큼 인정 있는 곳이 아니며, 개인의 열정과 목표를 키우기에는 너무 삭막한 조직이라고 할 수 있다. 대기업에서는 신입사원조차 1, 2년이 안 되어 구조조정의 대상이 되고 있는 게 현실이다.

대기업 밖으로 눈길을 돌리면 도전할 만한 곳은 얼마든지 있다. 시민사회단체의 역할이나 파워가 날로 높아지고 있으므로 이 분야에 도전해 보는 것도 좋다. 또한 해외에도 수많은 일자리가 있다. 국제기구나 국제 NGO, 봉사기구에도 도전해 볼 만하다. 그뿐 아니라 농촌은 또 하나의 벤처기업을 일굴 수 있는 일터라고 할 수 있다. 앞으로 수십 년 동안 농촌을 개조해 새로운 수익모델을 창출할 수 있기 때문이다.

또한 황 대표처럼 굳이 취업전선에 나서지 않더라도 자신의 현재 위치에서 최선을 다하다 보면 길이 하나둘 열리게 되고, 자기 혼자서 겨우 걸을 수 있던 길도 이내 큰길이 될 수 있다. 이미 그 길을 앞서간 사람들의 눈에 들어 발탁될 수도 있다. 황 대표는 방송사와 출판사에 발탁되어 힘과 용기를 얻고 도전함으로써 새로운 분야의 전문가로 우뚝 설 수 있었다. 그녀는 "기회가 왔을 때 제가 감당하기에 과분한 일이라도 언제나 일을 저질러 놓고 본다"면서, "그 이후 돌이켜 보면 언제나 결과가 좋아서 결행하길 잘했다는 생각이 든다"고 말한다.

"그때 그 일을 '못하겠다' 고 말했다면 제게는 더 이상의 기회가 주어지지 않았겠죠. 저는 제가 감당하기에 과분한 일도 제의를 받으면 언제나 거절하지 않고 도전합니다. 그게 오늘날 저를 있게 한 비결이죠."

그는 자신의 역량으로 볼 때 도전하는 게 부담스러울 때면 빌 게이츠가 말한 성공비결을 되새겨 보곤 한다.

나는 힘이 센 강자도 아니고, 그렇다고 두뇌가 뛰어난 천재도 아닙니다. 날마다 새롭게 변했을 뿐입니다. 그것이 나의 성공비결입니다. 'change(변화)'의 'g'를 'c'로 바꿔보십시오. 'chance(기회)'가 되지 않습니까? 변화 속에 반드시 기회가 숨어 있습니다.

현재 황 대표의 수익모델은 그의 명함이 말해주듯 매우 다양하다. 그의 수익모델은 크게 쇼핑몰과 지식정보 관련 콘텐츠로 구분된다. 남녀 목걸이 전문 쇼핑몰인 '골드버그몰'은 프리랜서의 불안정한 수익을 보완해 주는 데 크게 기여하고 있다. 프리에이전트, 즉 독립적인 1인 기업가가 고정적인 수익모델을 확보하는 것은 아주 중요한 문제인데, 황 대표는 여기에도 안전장치를 마련해 두고 있는 것이다. 최근엔 과일 도매 사이트인 '아침에www.achime.co.kr'를 오픈, 신규사업을 통해 기존의 사업과 시너지를 만들고 다양한 쇼핑몰 경험 쌓기에 도전하고 있다.

두 번째 수익모델은 쇼핑몰 창업 강좌를 비롯해 강연과 컨설팅, 방송 출연에 따른 수입, 글쓰기를 통한 인세 수입 등이 있다. 황 대표는 온라인과 오프라인에 걸쳐 안정적인 포트폴리오를 구성하고 있다고 볼 수 있다. 쇼핑몰 창업 컨설팅 강좌는 5일 1주간 프로그램(1일 2~3시간)을 비롯해 4주, 8주 프로그램을 마련해 놓고 강의를 진행하고 있다.

황 대표의 '쇼핑몰 컨설턴트'라는 비즈니스 모델은 인터넷이 끊임없이 진화·발전해 나간다고 볼 때, 지속가능한 발전을 이룰 수 있는 모델이라고 하겠다. 물론 웹의 끊임없는 진화로 인해 지속적인 학습을 통해 업그레이드를 해야겠지만, 이는 모든 비즈니스에서 예외일 수 없다. 자기계발을 등한시하거나 지식정보를 학습하지 않으면 어느 분야의 비즈니스에서도 살아남을 수 없기 때문이다. 황 대표는 "자고 나면 인터넷이 진화하고 있지만 트렌드를 분석하면서 학습을 주도적으로 해나간다면 끊임없이 수익을 창출할 수 있다"면서, "20대부터 도전해 볼 만한 분야"라고 조언한다. 이것이 역사교육학을 전공했지만 쇼핑몰 컨설턴트로의 변신에 성공한 황 대표의 노하우라고 할 수 있다.

황 대표가 대기업 취직은 아예 쳐다보지도 않고 오직 자신만의 도전정신으로 일군 쇼핑몰 컨설턴트라는 1인 기업가의 길은 마흔 이후를 고민하는 사람들에게 길잡이 역할을 하기에 충분하다. 그가 대학 졸업 후 대기업 취업 대신 선택한 1인 기업가의 길은 마냥 취업을 준비하는 대졸 구직자나 아무 대책 없이 직장생활을 계속하는 30, 40대 직장인들이 깊이 되새겨 봐야 하지 않을까. 황 대표는 비전을 갖고 자신만의 전문성을 키워가면서 1인 기업가로 자리를 잡아가고 있다. 이는 직장 경험을 바탕으로 독립하는 1인 기업가들의 기존 통념을 뛰어넘는 것으로서 새로운 1인 기업가의 모델을 개척해 나가고 있는 것이다.

황 대표는 어쩌면 인터넷이라는 '기회의 땅'을 비용을 가장 덜 들이고 '황금의 땅'으로 일군 행운아라고 할 수 있다. 이는 대학 시절부터 아르바이트를 하면서 익힌 '헝그리 정신'의 결과라고 할 수 있다. 세상에 도전하는 사람에게 헝그리 정신만큼 강한 무기는 없기 때문이다. 여기에 '방송 면역성'을 키워놓은 것도 강점으로 작용했다. 대학 때부터 아르바이트와 케이블 방송에서 프로그램 진행을 맡은 덕분이다.

그는 2005년부터 대학가에서 '이 여자가 사는 법'이라는 주제로 강연을 하면서, 자신이 벌써 이 정도로 유명세를 타고 있는가 싶어 스스로 놀라기도 한단다. 그 정도로 황 대표는 취업난 시대의 여대생들에게 신선한 역할모델이 되고 있는 것이다.

일, 비전 그리고 멘토링…

평생직장이 없어진 지금, 개인의 소자본 창업시장은 앞으로 계속 확대될 전망입니다. 또한 이들에 대한 가이드 역할 영역의 비중도 더욱 커지는 한편, 디지털 시대를 맞아 전자상거래시장이 확대될 것임은 자명합니다. 쇼핑몰 창업 컨설턴트는 이러한 소자본 창업의 대세와 디지털 시대라는 두 가지 코드가 만나서 만들어진 시대적 환경의 필수적인 분야라고 생각합니다.

저는 인터넷 태동기에 인터넷을 배우며 현장에서 일을 했고, 전자상거래에서 개인 쇼핑몰 창업이 시작할 때 처음 이 시장에 뛰어들었습니다. 이후에도 저는 온라인 판매자 경험과 실무에 대한 정보를 가공하며 전문 가이드 역할을 하고자 합니다. 인터넷에 대한 이해, 쇼핑몰 운영을 통한 유통시장의 이해와 실무 경험, 방송 경험, 칼럼이나 저작에 대한 경험, 강사로서의 경험들을 토대로 멀티플레이어의 역량을 점점 더 키워나가고자 합니다.

저는 많은 이들이 일반적으로 선택하는 고등학교 졸업-대학교 졸업-대기업 취직 등의 틀에서 벗어나 프리랜서의 삶을 시작했습니다. 이런 과정을 겪으며 제가 강조하고 싶은 것은 첫째, 대학 시절부터 경력을 쌓으라는 것입니다. 대학 시절부터 이미 실무 경력을 쌓아야 취업이 된다고 봅니다. 전혀 경험 없는 신입사원을 원하는 기업이 적어졌기 때문이죠. 따라서 취업 준비를 위해 도서관에만 있을 게 아니라 아르바이트 등의 현장경험을 쌓아야 합니다. 저도 대학 시절부터 일했기에 취업의 어려움에서 벗어날 수 있었습니다.

둘째, 멀티플레이어 시대를 대비하라고 강조하고 싶습니다. 요즘은 한 분야의 전문가보다는 여러 분야를 아우르는 지식을 가진 인재를 원하고 있기 때문에 여러 분야를 조율할 수 있는 코디네이션 감각이 필요합니다. 경험을 조금 넓게 확장해서 인생을 설계하는 융통성이 필요하겠지요.

황/윤/정

브랜드의 진화 대학 아르바이트 → 인턴 → 쇼핑몰 창업(골드버그몰, 아침에 대표) → 저자 → 쇼핑몰 창업 컨설턴트(황윤정의 e창업 대표) → 강연 → 한양여대 인터넷정보과 겸임교수.

자본금 도전정신(헝그리 정신). 아무리 사소한 일이라도 일단 시작하면 더 좋은 기회가 찾아온다.

대표적 생산품 쇼핑몰 창업 전문 컨설팅.

인생의 터닝 포인트 대학 때 교내 인터넷 강의 아르바이트. 인터넷 관련 아르바이트 경력으로 방송에도 출연하고, 창업 관련 책을 쓰면서 더 큰 기회들을 만남.

수입원 포트폴리오 쇼핑몰+강의료+컨설팅+인세+원고료+기타=대기업 30대 직장인 연봉 수준. 돈을 너무 밝힌다면 어쩌면 1인 기업가로서의 삶이 힘들지 모른다. 1인 기업가들은 대체로 돈보다 자유, 일보다 행복, 타인보다 자신을 추구하기 때문이다. 물론 1인 기업가 역시 돈도 많이 벌고 자유롭게 살기를 바랄 테지만…. 그것은 어쩌면 이루기가 불가능한, 욕망의 꼭짓점일지도 모른다. 돈을 많이 벌려면 무엇보다 일을 많이 해야 하기 때문이다. 이는 변하지 않는 원칙이 아닐지. 세상에 일도 많이 하지 않고 돈을 많이 벌 수 있는 방법이 있을까.

가장 잘할 수 있는 일을 하는 것이 성공비결이다

자신의 라이팅 커리어로 틈새를 파고든 **윤영돈**
(윤코치연구소 소장)

열정을 터뜨려라

셰익스피어의 《베니스의 상인The Merchant Of Venice》에는 지혜로운 아가씨 포샤의 이야기가 나온다. 막대한 재산을 상속받은 포샤에게는 구혼자들이 줄을 이었다. 돌아가신 포샤의 아버지는 이를 미리 예측하여 포샤에게 남편을 선택하는 방법에 대한 유언을 했다. 즉 금, 은, 납으로 된 세 개의 상자 가운데 납 상자에 포샤의 초상화를 넣어두고 납 상자를 고르는 사람을 남편으로 맞이하라는 것이다. 모로코 왕과 아라곤 왕 두 명의 구혼자는 금이나 은 상자를 골랐다. 금이나 은에 비해 납이 상대적으로 귀금속의 가치가 낮기 때문이다.

포샤 아버지의 유언에는 드러난 가치로 평가하는 사람을 경계하라는 깊은 뜻이 담겨 있을 것이다. 포샤의 아버지는 겉모습으로 사람의 마음을 끄는 남자가 자신의 딸과 결혼하는 것을 경계했던 것이다. 결국 다른 구혼자들과 달리 바사니오는 납 상자를 택해 아름답고 지혜로운 포샤를 아내로 맞을 수 있었다.

구직자들은 자신의 커리어를 금 상자나 은 상자, 납 상자로 포장할 수 있다. 여기서 중요한 것은 상자 그 자체가 아니라 상자 안에 든 이야기이다. 구직자의 이야기에 열정이 있느냐, 진실성이 있느냐에 따라 기업의 최고경영자들이 상자를 최종 선택할 것이다. 금 상자나 은 상자로 자신의 커리어를 포장했다고 해서 이들 상자만을 선택하지는 않는다는 말이다. 오히려 납 상자에 진실과 열정이 깃든 이야기가 들어 있다면 최고경영자들은 납 상자를 택할 것이다.

'윤코치연구소www.yooncoach.com' 의 윤영돈 소장(1974년생)은 평생직업 시대에 요구되는 경력관리 매니저인 '커리어 코치' 이자 '비즈니스 라이팅 코치' 로 활동하고 있다. 그는 "《베니스의 상인》에서처럼 금 상자나 은 상자를 선택하는 사람은 열정도 없고 한낱 껍데기만 호화로울 따름"이라면서, "오히려 납 상자를 선택해 모험을 두려워하지 않고 도전한다면 누구보다 먼저 성공에 이를 수 있을 것"이라고 말한다.

윤 코치는 면접을 할 때 인사담당자를 사로잡기 위해서는 무엇보다 "열정을 터뜨리라"고 구직자들에게 조언한다. 그는 "특히 자신이 겪은 에피소드를 섞어가며 이야기하면 진솔한 느낌을 전할 수 있다"면서, "이렇게 할 때 '열정적인 이야기가 있는 커리어' 의 소유자라는 인식을 강하게 심어줄 수 있다"고 강조한다. 즉 자신의 경력이 해외 명문대를 나올 정도의 금 상자로 포장되지는 못하더라도 열정이 깃들어 있고 자기 분야의 전문성과 함께 진실성을 확보하고 있다면, 인사담당자들은 겉만 화려한 금 상자보다 속이 꽉 찬 납 상자를 선택할 수 있다는 말이다.

작은 물줄기가 큰 강을 이룬다

윤영돈 소장이 짧지 않은 경륜에도 불구하고 사회에서 명함이 통하는 이유는 골드버그몰의 황윤정 대표나 연세대 정보대학원의 서명석 씨와 같이 틈새 분야에서의 전문성을 꼽을 수 있다. 이들은 공통적으로 대기업 경력이 전무할 뿐 아니라 아예 회사에 취직한 적이 없다.

일반적으로 사회에서 통하는 1인 기업가라면 대기업에서 다년간 근무하면서 전문성을 획득한 경우다. 즉 제너럴리스트로서 경험을 축적해 스페셜리스트로 독립하는 코스를 걷는 게 대부분인데, 이들은 그러한 코스를 밟지 않았다. 바로 이러한 이유에서 이들의 별난 성공 스토리에 귀를 기울일 필요가 있는 것이다. 과연 어떤 과정을 거쳤기에, 어떤 비책이 있기에 1인 기업가들의 통과의례라고 할 수 있는 대기업에 취직조차 하지 않고도 사회에서 인정받는 전문가로 우뚝 설 수 있었을까?

그 비결은 다름 아닌 아르바이트에 있다. 윤영돈 소장은 방송 드라마의 엑스트라 아르바이트를 하면서 카메라와 친해졌는데, 현재 그가 방송 출연 시 긴장이 덜한 것도 그때의 경험 덕분이다. 황윤정 대표가 인터넷 관련 아르바이트로 도약의 발판을 마련했다면, 윤영돈 소장은 인터넷에 홈페이지 만들어 이력서와 자기소개서 작성법을 올린 게 오늘의 그를 있게 한, 작지만 결정적인 사건이 되었다. 당시 단국대 국문학과에 다니던 윤 소장은 글쓰기 동아리에서 활동하고 있었다. 지금은 서비스가 중단된 네띠앙에 홈페이지를 만들어 이력서와 자기소개서를 잘 쓰는 법을 올렸는데, 예상외로 폭발적인 반응을 얻었다. 네티즌의 발길이 쇄도하면서 홈페이지가 다운되는 사태까지 벌어진 것이다.

"정말 뜻밖이었습니다. 구직자들에게 도움이 될 수 있겠다 싶어 용기를 내서 이력서와 자기소개서 쓰는 법을 올렸는데, 그 정도로 반응이 높을 줄을 몰랐죠."

그는 5명의 동료들과 본격적으로 콘텐츠를 만들어 서비스를 시작하기로 했다. '어떻게 쓸 것인가'에 착안해 이름을 '하우라이팅 www.howwriting.com'으로 지었다. 2000년 당시 우리나라에서는 처음으로 이력서 컨설팅 서비스를 시작한 것이다. 하우라이팅은 취업난 시대를 파고든 틈새 상품이라고 할 수 있다.

'윤영돈'이라는 브랜드를 알린 결정적 계기는 우연하게 찾아왔다. 우연은 노력하는 자에게 보너스와 같다고 할 수 있을 것이다. 성공한 사람들은 대부분 절묘하게 운수대통한 경우가 많다. 노력보다 더 중요한 것이 어떻게 보면 시운時運이라고 할 수 있다. 하지만 시운도 따지고 보면 본인이 만드는 것이다. 이력서와 자기소개서 컨설팅 사업이 뜨자 기업체에서 강의 요청이 들어오기 시작했다.

2003년 봄에 한화그룹은 아이디어가 번뜩이는 사업을 실시했는데,

이는 청년 실업의 심각성을 알리고 새로운 해결책을 제시하는 '백수 기 살리기 프로젝트'였다. 백수 기 살리기 프로젝트는 구직자들을 대상으로 이력서 작성, 면접 요령, 이미지 컨설팅 및 프레젠테이션 교육 등 실질적으로 취업에 도움이 될 수 있는 직무 훈련을 진행하는 프로그램이다. 이와 더불어 윤 대표에게도 기회가 찾아왔다. 윤 대표가 한화그룹으로부터 강의를 요청받고 양평 한화콘도에서 강의를 하고 있는데, 방송사에서 카메라를 들이댄 것이다. 그는 방송을 통해 얼굴이 알려지면서 일약 '전국구'로 도약했다. 이에 대해 윤 대표는 "강의하는 모습이 방송에 나가면서 주가가 많이 뛰었다"면서, "방송의 위력을 새삼 실감할 수 있었다"고 말한다. 그는 MBC 〈실업 극복 희망을 추천합니다〉, KBS 〈세상의 아침〉 등을 거쳐 현재는 교통방송 라디오 DMB 〈상상 오아시스〉에서 고정 패널로 '윤 코치의 성공지수를 높여라'를 진행하고 있다.

윤 대표는 취업난 심화로 인한 커리어 컨설팅 관련 강의에 나섰다가 인생의 터닝 포인트를 맞은 것이다. 취업난 시대가 오히려 윤 대표의 인생에 등불을 밝혀준 셈이다. 그는 문서와 서식 분야 기업인 비즈폼에서 같이 일하자는 요청을 받고 연구소장으로 일했다. 이어 2004년에는 연구소를 그만두고 '윤코치연구소'라는 개인 연구소를 만들어 커리어 코치와 비즈니스 라이팅 코치로 본격 나섰다.

그가 연구소를 만들 수 있었던 것은 코리아인터넷닷컴에 연재한 칼럼도 한몫했다. 칼럼을 묶어 2004년 6월에 《30대, 당신의 로드맵을 그려라》라는 책을 내서 좋은 반응을 얻었다. 이 책은 현재 중국에도 번역돼 팔리고 있다. 또한 2003년부터 '커리어포럼www.careerforum.co.kr'

을 운영해 오고 있으며, 한 달에 한 번씩 공개 세미나를 열고 있다.

요즘 직장에서는 글쓰기의 중요성이 커지고 있다. 윤 대표는 "직장인들은 기획을 잘해야 할 뿐 아니라 기획서를 잘 만들고 프레젠테이션을 잘해야 살아남을 수 있는 시대에 살고 있다"면서, "직장인들에게 글쓰기는 이제 생존의 문제이며, 자신의 경쟁력과 결부되어 있다"고 강조한다. 그의 수익모델도 커리어 코칭보다 오히려 비즈니스 라이팅 코칭에 더 비중을 둘 정도라고 한다. 비즈니스 라이팅은 문학적 글쓰기가 아니라 말 그대로 비즈니스에 관련된 글쓰기이다.

윤 소장 자신 역시 글쓰기에 관한 한 전문성을 더 쌓기 위해서 단국대 대학원 문예콘텐츠 박사과정에 다니고 있다. 그는 "스스로 커리어를 강화하지 않으면 그 누구도 자신의 경력을 업그레이드해 주지 않는다"면서, "경력은 자신이 원하는 목표에 따라 지속적으로 업그레이드할 때 순풍을 만날 수 있다"고 말한다. 자칫 머뭇거리다가는 역풍을 만날 수 있다는 것이다.

글쓰기에 따라 인생이 달라진다

윤 대표는 "성공하려면 '필통'이 되어야 한다"고 말한다.

"'필통'에는 세 가지 뜻이 있습니다. 첫째, 흔히 말하는 '필통筆筒'은 '펜이나 붓을 넣는 통'을 말합니다. 실제로 자신이 필통이 되어서 언제든지 펜을 지니고 다녀야 한다는 것을 의미하죠. 둘째, '필통必通'은 '반드시 통하는 통로'를 말합니다. 정보든, 금전이든, 인맥이든 반드시 자신을 통해서만 거치도록 해야 한다는 것이죠. 셋째, '필통feel-通'은 필feel이 통하는 사람이 되라는 의미입니다."

그는 "직장인에게 글쓰기는 목표 세우기와 연관되기 때문에 매우 중요하다"고 말한다. 하버드대학의 조사에 따르면, 성공한 사람들에게 나타나는 공통적인 특징은 자신의 미래에 대해서 말보다 글로 적어놓는다는 점이다. 즉 자신이 성취하고자 하는 바를 글로 적어놓을 을 때 성공의 가능성이 크다는 것이다. 또한 하버드대에서 MBA과정 재학생들을 대상으로 목표 설정에 관한 연구를 한 적이 있다. 조사 결과 재학 시절에 뚜렷한 목표를 세우고 그것을 달성하기 위한 구체적인 계획을 세운 학생은 전체의 3퍼센트였으며, 13퍼센트의 경우 목표는 뚜렷했지만 구체적인 실천 계획은 없었다. 재미있는 것은 그들의 졸업 후 수입이다. 목표와 계획이 뚜렷했던 3퍼센트는 나머지 97퍼센트의 평균수입의 10배에 달하는 수입을 올리고 있었고, 목표만 있던 13퍼센트는 나머지보다 평균 2배의 수입을 올리고 있었다.

이에 대해 윤 대표는 "목표와 계획이 같은 강의실에 앉아 있던 사람들의 운명을 바꿔버린 단적인 예"라면서, "하찮아 보일지도 모르는 글이 결국 사람의 인생까지 바꿀 수 있다"고 강조했다. 그는 목표의 중요성을 알 수 있는 또 하나의 사례로 영화배우 짐 캐리를 소개했다.

"캐나다의 한 청년이 영화배우가 되겠다는 꿈을 안고 미국으로 왔지만, 무명시절에는 집도 없이 지내야 했습니다. 그러던 어느 날, 이렇게 살아갈 수 없다는 생각에 무작정 할리우드에 가서 가장 높은 언덕으로 올라갔습니다. 그러고는 수표책을 꺼내어 '출연료 1,000만 달러'라고 써서 자기 자신에게 지급했다고 합니다. 그는 이것을 5년 동안 지갑에 넣고 다녔는데, 놀랍게도 정확히 5년 뒤에 그 청년은 〈덤 앤 더머〉와 〈배트맨〉의 출연료로 무려 1,700만 달러를 받았습니다. 그가 바로 영화배우 짐 캐리입니다."

짐 캐리는 거창하게 글로 목표를 세우지는 않았지만, 자신의 목표와 이를 이루려는 의지를 수표책에 써놓았기에 성취하고자 하는 노력을 배가할 수 있었을 것이다.

윤 대표는 "목표는 글로 옮겨 명문화할 때 더 구속력을 지닌다"고 강조한다. 단순히 목표를 마음속에만 담아두기보다 글로 옮길 때 더 강한 의지가 개입되며, 목표를 이루려는 노력으로 이어진다는 것이다. 그는 "목표를 세울 때는 자신의 단점보다는 장점을 적어보는 것이 효과가 있다"고 말한다. 가령 장점을 8가지 적고 여기서 3가지는 버리고 5가지를 선택한다. 5개 가운데 다시 2개를 버리고 3개를 선택한다. 즉 계속 장점을 버리면서 더 좋은 장점만을 선택한다면, 자신의 장점을 더욱 더 객관화할 수 있다는 것이다.

목표를 세울 때는 지속성을 제일 먼저 고려해야 한다고 윤 대표는 조언한다. 그가 상담한 직장인 가운데 대기업의 교육 팀장이 있었다. 어느 날 그 남자가 대뜸 보험 영업을 하겠다고 하기에 윤 대표는 적극 만류했다. 그래도 그는 아랑곳하지 않고 보험 영업에 뛰어들었는데, 역시 6개월도 안 돼 그만두었단다. 그가 전직에 성공하지 못한 이유는 그간 일한 교육 분야와 보험 영업 분야가 거의 연관성이 없기 때문이다. 목표를 이루는 데 자신감이 중요한 요소이긴 하지만, 전문성이 결여된 목표는 오히려 에너지를 낭비하는 결과만을 초래한다. 장점을 최대한 발휘할 수 있을 때 목표의 성취 가능성 또한 크기 마련이다.

윤 대표는 기능공으로 시작해 1인 기업가의 길을 걷고 있는 손용규 씨(1968년생)의 경우가 목표를 정하고 성공적으로 자신을 변신시킨 대표적 사례라고 소개한다. 손용규 씨는 실업계 고등학교를 졸업한 뒤 기능직 사원으로 삼성그룹에 입사하여 삼성에서 13년간 근무했다. 그는 삼성에서 7·4제(오전 7시 출근, 오후 4시 퇴근)를 실시하자, 서른 살에 대학을 들어가 박사과정까지 할 정도의 만학도이다. 손용규 씨는 삼성전기에서 수여하는 '2001년 올해의 신지식인'으로 선정되기도 했다. 1999년부터 교육기획팀 과장으로 근무하면서 임직원의 핵심역량 구축 및 자기학습 시스템을 개발했으며, 삼성그룹 내 전문강사로 활동하기도 했다. 그는 2003년 1월에 '1인 기업 브랜드'를 만들겠다며 독립했다. 현재 기업 교육 강연가로 대학은 물론 삼성 등 대기업에서 리더십을 강의하고 있다. 손용규 씨는 강연을 시작할 때 아무도 자신을 알아주지 않을 것이라고 생각해 처음 2년간은 무료 강연을 했다고 한다. 그는 무작정 사회복지관을 찾아다니며 사회복지사들에게 기업 교육을 접목하기 시작했다. 이런 자원봉사 강의가 그가 근무하던 회사에 알려지면서 사내 전문강사로 뽑혔고, 회사를 나와 1인 기업가로 새 출발할 수 있는 원동력이 되었다.

윤 대표는 "손용규 씨의 경우는 자기계발로 변신에 성공할 수 있는 가능성을 보여준 단적인 사례"라면서, "목표를 정하고 자기계발에 나선다면 누구나 성공적인 변신을 할 수 있을 것"이라고 강조한다.

윤 대표는 독립 후 1년이 힘들었다고 한다. 대부분 1인 기업가의 길을 가고 있는 이들이 겪는 고충이다. 그는 1년 이후에는 거의 직장 다닐 때만큼 연봉(3,000만 원)을 벌었고, 2년째부터는 거의 2배 뛰어 현재 6,000만 원이 넘는다고 한다. 수입은 강의료와 원고료가 거의 차지하고 있다.

'나 주식회사'의 윤영돈 브랜드 역시 황윤정 대표의 경우처럼 대학을 졸업한 뒤 대기업에 취직하지 않고 겁 없이 뛰어든 경우다. 국문학을 전공한 그는 취업난 시대에 이력서 쓰기의 중요성을 간파하고 이 사업에 뛰어들었다. 인터넷에 자신의 이력서 쓰기 비법을 올렸는데, 그만 그게 '대박'을 터뜨린 것이다. 대박이라고 해봐야 푼돈 수준이었지만, 그 감격이야 오죽했을까? 그게 윤영돈 브랜드의 시초가 된 셈이다. 그는 내친김에 자그마한 인터넷 벤처기업을 차렸다. 참 겁도 없다. 요즘 20, 30대의 특징은 자신이 하고자 하는 일에 대한 신념이 무척 강하다는 것이다. 윤 대표도 그런 사람 중 하나다.

그렇지만 인터넷 회사는 수익이 그리 많은 편은 아니다. 그는 닷컴을 운영하다 그만두고 잠시 다른 기업에 안겨 숨을 고르다가 '이제는 때가 되었다' 면서 1인 기업가로 본격 나섰다. 그의 주특기는 '커리어 코치'라고 할 수 있다. 그런데 커리어 코치는 고객 대상이 개인이므로 이 역시 수익모델로는 돈이 안 되었다. 윤 대표는 "커리어 코치는 말 그대로 남들을 도와주는 일이기에 돈이 목적이 되서는 안 된다"고 말한다. 별도의 수입이 있어야 가능한 일이라는 것이다. 그래서 그가 새롭게 찾은 수익모델이 '비즈니스 라이팅 코칭' 이다. 직장인들은 기획서 만들기와 새로운 목표 설정을 위해서 글쓰기 기술이 필요하다는 데 착안한 것이다. 고객 대상도 기업이어서 안정적인 수익을 올릴 수 있다.

윤 대표는 그 사이에 대학원 박사과정에도 진학해 문예콘텐츠를 전공하며 내공을 다지고 있다. 또한 단국대 초빙교수 자리도 꿰찼다. 그는 초기 '커리어 코치'에 주력하다가 비즈니스 모델의 한계를 극복하기 위해서 '비즈니스 라이팅 코치'로 영역을 확대, 이 분야를 선점하고 있다. 물론 선점한다는 게 큰 의미가 있는 것은 아니지만, 초기에 씨를 뿌린다는 그 자체만으로도 의미 있는 일이라고 할 수 있다. 이 분야가 유망한 이유에 대해 그는 "글을 잘 쓰는 사람은 많아도 직장인에게 글쓰기 스킬을 가르칠 수 있는 전문가는 많지 않다"고 설명한다.

일, 비전 그리고 멘토링…

커리어 코치와 비즈니스 라이팅 코치의 비전은 한마디로 매우 밝다고 할 수 있습니다. 특히 비즈니스 라이팅의 경우는 직장 내에서 기획의 중요성에 따라 글쓰기 기술이 많이 필요해지고 있어 수요가 크게 늘 가능성이 충분합니다. 현재 방송사나 외국계 기업 등 다양한 회사에서 비즈니스 라이팅 교육을 실시하고 있습니다. 커리어 코칭, 비즈니스 코칭, 라이팅 코칭 등 코칭 분야를 넓혀서 일을 병행하는 것도 바람직합니다. 20대부터 '자기 브랜드 파워'를 강화하기 위해서 다음과 같은 5가지를 강조하고 싶습니다.

첫째, 샐러던트saladent가 되어야 합니다. 직장인Salaried Man과 학생student의 합성어인 샐러던트는 자기계발을 위해 공부하면서 직장생활을 하는 사람을 말합니다.

둘째, 목표를 정하고 반드시 명문화하는 것이 좋습니다. 목표는 단기(1년), 중기(5년), 장기(10년)로 나누어 세우고, 가능한 한 책상 앞에 걸어두면 효과를 높일 수 있습니다.

셋째, 블로그나 홈페이지에 자신의 지식콘텐츠를 지속적으로 구축해 놓아야 합니다. 이게 하나둘 축적되면 자신의 브랜드 파워가 되는 것입니다.

넷째, 책을 쓰십시오. 책은 자신을 가장 잘 드러내는 커리어가 될 것입니다. 지식정보사회에서는 글쓰기가 자신의 존재감을 드러내는 주요 통로입니다. 블로그나 댓글, UCC 등은 바로 자신을 표현해 내는 디지털 미디어입니다.

다섯째, 자신의 이름으로 이메일링 서비스를 해보십시오. 주기적으로 자신이 알고 있는 인맥들과 지식 및 정보를 공유합니다. 갈수록 파편화하는 사회에서 서로 네트워킹을 하지 않으면 고립될 수밖에 없습니다. 고립은 죽음입니다. 반면 네트워킹은 성공으로 가는 가장 확실한 통로입니다.

윤/영/돈

브랜드의 진화 대학 재학 때 네띠앙에 이력서 서비스 → 2000년 이력서 컨설팅 회사 '하우라이팅' 공동 창업 → 비즈폼연구소 소장 → 2004년 윤코치연구소 소장 → 커리어 코칭에서 비즈니스 라이팅 코칭으로 영역을 확대 → 단국대 초빙 교수, 커리어코치연합회 공동 회장.

자본금 차별화된 이력서 쓰기.

대표적 생산품 비즈니스 라이팅 코칭.

인생의 터닝 포인트 2000년 인터넷에 이력서 쓰기 비법을 올리면서. 또한 한화그룹 '백수 기 살리기' 프로젝트 강의가 TV에 보도되면서. 때로 '행운'이 성공에 결정적으로 기여한다는 것을 절감. 그러나 행운도 준비하고 도전하지 않는 사람에게는 결코 오지 않는다.

수입원 포트폴리오 기업 강좌+대학 강의+커리어 컨설팅=6,000만 원 수준(계속 오르고 있음).

1인 기업가로서의 신조 글쓰기에 따라 인생이 달라진다.

장기적인 자기경영 계획을 세워라

철저한 자기관리로 자신만의 블루오션을 만들어 가는 **백기락**
(크레벤 대표)

상상력으로 무장한 인재는 '독서' 에서 나온다

이 시대의 소비자들은 상상력을 자극하는 이야기story가 담긴 제품을 기꺼이 구매한다. 세계적으로 성공한 기업들은 이미 우리 사회가 갖고 있는 '멋진 이야기' 에 대한 소비 욕구를 간파하고 있었다. 앞으로의 시장은 이러한 능력을 더 많이 요구할 것이다. 상품이 담아내는 이야기가 바로 경쟁력이다! 꿈, 감성 그리고 이야기! 이에 대한 경쟁 우위를 가진 기업들이 바로 '드림 소사이어티' 의 마켓 리더이다.

이는 롤프 옌센의 《드림 소사이어티Dream Society》에 나오는 내용이다. 드림 소사이어티는 자식정보사회 이후에 도래하는 미래의 사회로서, 상상력이 곧 생산력이 되는 사회라고 한다. 즉 정보사회는 자동화를 통해 스스로 창조한 일자리를 없애면서 쇠퇴하게 되며, 정보사회 이후에 도래하는 미래의 드림 소사이어티 시장에서는 상품 자체가 아니라 '이야기가 있는 상품'이 잘 팔린다는 것이다. 따라서 드림 소사이어티의 진정한 승리자가 되기 위해서는 이야기의 힘에 주목하고, 이야기가 있는 상품으로 무장해야 한다. 상품 자체가 아니라 그 상품에 담긴 매력과 감동을 팔아야 한다. 즉 감성을 자극하는 이야기가 담긴 상품을 만들어야 한다는 것이다.

굳이 《드림 소사이어티》를 거론하지 않더라도 마케팅에서도 스토리텔링이 중요해지는 시대이다. 소비자들은 상품 자체를 구매하기보다 상품이 주는 이미지를 소비하는 경향이 강하기 때문이다. 그렇다면 어떻게 매력적인 이야기가 담긴 상품을 만들어 내고 마케팅을 할 수 있을까? 그에 대한 대답은 다름 아닌 '독서'에 있다는 게 전문가들의 공통된 조언이다. 요즘 들어 '독서경영'이 화두가 되고 있는 이유도 바로 여기에 있다. 독서를 통해 창조적인 상상력을 얻어내고, 이를 기업경영에 접목하는 것이다. 독서경영은 독서를 통해 기업의 핵심지식을 확보하고, 직원들의 업무 생산성을 극대화하는 데 그 목적이 있다.

독서경영과 관련된 커뮤니티로는 '크레벤www.creven.org'을 들 수 있다. 크레벤은 성공적인 인맥 구축과 비즈니스 네트워크 형성, 자기계발 및 역량 강화를 목표로 하는 국내 최대의 자기계발 전문 커뮤니티이다. 크레벤에서는 현재 5만여 명의 회원이 활동하고 있다.

크레벤을 운영하고 있는 백기락 대표(1972년생)의 강연 분야는 실용독서법인 '패턴리딩Pattern-Reading'을 비롯해 시간관리, 인맥관리, 동기부여, 리더십, 커뮤니케이션, 코칭, 성공, 변화 등이다. 패턴리딩은 자신의 독서 목적에 입각해서 본문 전체에 흐르는 '고리 단어'를 찾고 흐름을 정리하고 핵심을 파악하며, 그것을 책의 차례나 서문 등에 나타나는 저자의 의도와 비교하는 실용독서법이다.

"패턴리딩은 단편적인 것을 먼저 보지 않고 전체적인 흐름, 즉 패턴을 우선적으로 파악한 뒤 나머지 단편 정보를 배열하면서 읽는 기술입니다. 소개팅에 나간 남녀의 차이를 조사한 재미있는 실험이 하나 있습니다. 남자가 여자의 눈이나 코, 입, 손 등 특정 부위를 보는 반면에 여자는 남자를 단숨에 머리에서 발끝까지 전체적으로 파악하는 놀라운 능력을 가지고 있다는 겁니다. 패턴리딩은 여성의 바로 이런 시선과 유사한 것입니다."

그는 "사실 자체보다는 전체적인 틀을 잡는 것이 성공적인 독서의 열쇠이며, 패턴리딩은 이 열쇠를 찾는 법"이라고 덧붙인다.

백 대표은 자기계발의 필요성을 절감하는 직장인들을 위해 먼저 커뮤니티 운영을 시작했다. 크레벤의 커뮤니티에 참여하고 있는 이들은 자기계발의 필요성을 가장 절실히 느끼는 30대 중반 이후의 직장인들이다. 현재 80여 개에 이르는 커뮤니티가 활동 중인데, 40대의 참여가 활발하다. 커뮤니티에는 70여 명의 칼럼니스트와 100여 명의 CEO가 참여하고 있다.

백 대표는 다양한 전문가들이 참여하는 커뮤니티에 그치지 않고, 직장인들의 자기계발을 돕기 위해 '아카데미'를 운영하고 있다. 아카데미는 커뮤니티에서 자기계발의 동기를 부여받은 직장인들을 교육하고, 나아가 자기계발 전문강사를 배출하며, 또한 현장 경험을 할 수 있는 곳이다. 가령 백 대표의 트레이드마크가 되고 있는 '패턴리딩' 강사과정을 받은 직장인이 1년 정도 교육기간을 거치면, 이 아카데미에서 강사로 활동할 수 있다.

성공하려면 10년을 투자하라

백 대표는 "자신의 분야에서 최고 수준의 성취와 성과를 올리기 위해서는 최소한 10년 정도 지속적이고 정교한 훈련을 해야 한다"고 강조한다. 즉 공병호 박사가 《10년 법칙》에서 강조한 것처럼, 자신을 최고의 수준으로 자리매김하려면 한 분야에서 10년 정도의 집중적인 경험과 훈련 그리고 성공에 대한 집요한 노력이 반드시 필요하다는 것이다. 10년을 어떻게 사느냐에 따라 '명품 인생'이 될 수 있고, 직업인으로서 설 수 있는 최정상의 자리인 '전문가' 반열에 오를 수 있다는 것이다. 그는 "진리가 너희를 자유롭게 하리라"는 성경 구절처럼, "10년의 열정이 인생을 자유롭게 한다"고 강조한다.

자기계발의 중요성에 대해 백 대표는 다음과 같은 사례를 들려주었다. 명문대학을 똑같이 졸업한 두 사람이 있었다. 한 사람은 유수의 은행에 입사했고, 다른 사람은 은행 취업에 낙방하여 외환딜러의 길을 걸었다. 은행에 입사한 사람은 어느 것 하나 못하는 게 없지만 특별히 잘하는 것도 없는 '제너럴리스트'가 되어 부장급에 머물렀다.

반면에 은행 취업에 낙방한 외환딜러는 절치부심해 외환 전문가로 명성을 날렸고, 훗날 그 은행의 임원으로 스카우트되었다. 백 대표는 "이는 개인의 경쟁력이 생존의 제1법칙이라는 점을 극명하게 보여주는 사례"라고 말한다. 인생역전은 바로 지속적인 자기계발을 통해 언제든지 이룰 수 있다는 것이다.

그는 "자기계발에 나서더라도 '자기 자신을 경영한다'는 경영 마인드 없이 도전한다면 실패할 가능성이 크다"고 강조한다. 성공하는 사람과 실패하는 사람의 특징을 비교해 보면, 성공하는 사람은 장기적인 자기경영 계획을 가지고 있는 것으로 나타나기 때문이다. 즉 자기 자신을 제대로 파악하고 자신의 핵심가치를 찾아 경쟁력을 키울 때 목표를 이룰 수 있으며, 나아가 여유 있고 풍족한 인생을 살 수 있다는 것이다.

경영자와 직장인들을 대상으로 강의하는 백 대표이지만, 그는 대학 중퇴가 최종 학력이다. 백 대표는 경북대 2학년 때인 1997년에 유니텔에 벤처 창업 동우회를 운영하고, 소호(집에서 하는 소규모 창업) 창업에 대한 강연을 시작했다. 이는 요즘 몇 년간 취업 준비에 매달리고 있는 대학생이나 대졸 구직자들에게 시사하는 바가 크다. 이런 연유로 백 대표는 1999년에 '신지식인'으로 선정되기도 했다. 미국계 IT 에이전시 제네시스 컨설팅 코리아 지사장과 인포뱅크 코리아 대표 등을 거쳐, 2002년 5월부터 본격 강의에 나서 독서법(패턴리딩)에 대한 강연을 연간 100회 넘게 하고 있다. 독서 강좌에는 특히 40대 이상 직장인들의 열기가 뜨겁다. 이에 대해 백 대표는 "그만큼 40대 이상 직장인들이 직장생활에 위기감을 느끼고 있는 게 아니겠느냐"고 말한다.

그가 대학을 그만둔 이유는 더 이상 학교에 미련을 두지 않기 위해서다. 그는 "대학을 휴학하고 일을 했는데, 힘든 일이 생기면 '다 그만두고 다시 학교로 돌아가 공부나 할까' 라는 나약한 생각이 들기도 했다"고 말한다. 그래서 학교에 자퇴서를 제출했다. 더 이상 돌아갈 곳이 없다고 생각하니 더 열심히 일하게 되더라는 것. 대학 중퇴가 그에게는 새로운 인생을 만들어 가게 하는 동력이 되고 있다. 즉 자신의 2퍼센트 부족함을 채우기 위해 더 매진하게 만드는 셈이다.

지금까지 2,500여 권의 책을 읽었다는 백 대표는 요즘 한 달에 50권의 책을 읽을 정도로 독서광이다. 어릴 때부터 즐긴 독서가 그의 인생을 개척해 가게 하는 에너지원이자, 직업적으로도 '블루오션' 을 창출하고 있는 것으로 평가된다.

'강사 에이전시' 라는 새로운 1인 기업가 모델

백기락 대표는 마치 세르반테스의 《돈키호테Don Quixote》에서 주인공인 돈키호테를 연상시킨다. 대학을 중퇴하고 사업가의 길을 선택한 것은 우리나라와 같은 학벌 중시 사회에서는 무모하게 보일 수밖에 없다. 크레벤이라는 자기계발 커뮤니티도 대규모 포털사이트와 경쟁 관계에 있다고 볼 때 결코 만만한 도전이 아니다. 스스로 학습을 통해 독서법을 강의한다는 것 또한 보통 사람으로서는 도전해 볼 용기가 나지 않을 것이다. 나아가 그는 '강사 에이전시' 라는 목표와 비전을 세우고 이에 도전하고 있다.

백 대표의 도전이 무모하게 보일 수 있지만 결코 그렇지 않다. 그의 도전에는 목표에 대한 열정과 치밀한 계획과 노력이 있으며, 그는 자신의 목표에 한발 한발 접근해 가고 있다. 백 대표는 자신의 목표 가운데 하나인 강사 에이전시에 대해서 "1인 기업가를 꿈꾸는 자기계발 전문 강사들의 허브 역할을 해주며 이른바 '강사 에이전시' 라는 새로운 1인 기업가 모델을 창출하겠다"고 말한다.

현재 우리나라는 자기계발 등 다양한 분야에서 '1인 기업가' 들이 많아지면서 이들의 허브 역할을 해주는 곳이 절실히 필요하다. 특히 1인 기업가로 활동하고 있는 전문강사들을 위한 강사 에이전시의 필요성이 커지고 있다. 자기계발 등 전문 영역의 강사 전성시대를 열고 있는 미국처럼 우리나라도 전문강사들의 영역이 확대되면서 경제경영 등 각 분야에서 대략 30만여 명의 강사가 활동하고 있다고 한다. 이들은 활동을 보장해 주는 전문 에이전시가 있다면 훨씬 안정적인 수익과 함께 활동 영역을 확장해 갈 수 있을 것이다. 백 대표는 "서로 개인 플레이를 하고 있는 1인 기업가들에게 보금자리와 같은 역할을 해주고 싶다"고 말한다. 가령 1인 기업가들은 작업 수행에 필요한 모든 것을 스스로 마련해야 하는데, 필요한 기자재를 빌려주기도 하는 그런 역할을 하고 싶다는 것이다.

백 대표는 "1인 기업가로 활동하는 분들은 대부분 네트워크에 한계를 지니고 있다"면서, "크레벤의 강의 시스템을 통해 상호 원-원을 도모할 수 있다"고 말한다. 공병호 박사와 변화경영 전문가인 구본형 소장도 1인 기업가로 독립하던 초기에 백 대표가 운영하는 크레벤에서 강의했다. 백 대표가 운영하는 패턴리딩 강사과정을 이수하면 그것으로 끝나지 않고 직접 이 아카데미에서 다른 강사를 교육하는 강사로 활동할 수 있다. 강사로서 지속적으로 자신을 업그레이드할 수 있는 기회를 가질 수 있다는 게 또 다른 매력이기도 하다.

현재 패턴리딩 강사 10여 명이 전국에서 활동하고 있다. 강사들 대부분이 별도의 직장생활을 하고 있는 평범한 직장인이다. 홍천군 농업기술센터에 근무하는 김수호 씨는 유기농 야채를 통한 대체식단 전문를 내는 게 목표다. 박정석 씨는 메가스터디의 명강사로도 활동하고 있다. 박정석 씨는 장래 미래형 학습센터를 만들어 사람들의 학습능력을 극대화하는 꿈을 갖고 있다. 뒤에 살펴볼 이용(LG화학) 씨와 하승범(SC제일은행) 씨는 크레벤에서 교육을 받아 패턴리딩 전도사로 불릴 만큼 활발하게 활동하고 있다. 정주섭 씨는 패션회사에 근무하다 아예 결단을 내리고 패턴리딩 강사의 길을 걷고 있다. 농협 하나로마트에 근무하는 황인복 씨는 부산에서 패턴리딩 강사로 맹활약을 하고 있다.

1인 기업가 세계에서 '백기락' 이란 브랜드는 이미 상당한 인지도를 형성하고 있다. 대학을 중퇴하고 뛰어들 정도로 특이한 경력, 또한 1인 기업가들의 에이전시가 되겠다는 야심, 수년간 다져온 막강한 자기계발 커뮤니티 등 유무형의 재산들이 그를 둘러싸고 있다. "괴짜가 되어라. 괴짜와 친하라. 리더는 괴짜에서 나온다"는 톰 피터스의 말을 음미하면 그는 미래에 한 획을 그을 게 분명해 보인다. 백기락 대표는 한발 앞서 이른바 '자기계발 프로그램 사업가' 로 착실하게 자리매김해 나가고 있다.

백기락 대표가 권하는 좋은 독서습관

✓ 읽고 싶은 책을 쌓아두라.

✓ 일주일에 한 번 정기적으로 서점을 방문하라.

✓ 수입의 일정액(5%)으로 무조건 책을 사라.

✓ 책 읽기에 적합한 환경을 갖추어라.

✓ 책 읽기 좋은 환경에 머무르는 시간을 늘려라.

✓ 항상 책을 지니고 외출하라.

✓ 틈틈이 책을 보려고 노력하라.

일, 비전 그리고 멘토링…

성공적인 자기계발의 핵심은 독서와 목표의 실행에 달려 있습니다. 제가 대학도 중퇴하고 독서지도법(패턴리딩)과 자기계발 분야의 교육에 뛰어든 것은 직장인들의 '석세스 플래닝'에 일조하겠다는 일종의 사명감 때문입니다. 독서는 언제 어디서든 누구에게나 필요한 양식이 아닐까요.

누구나 작심삼일을 합니다. 성공한 사람들도 마찬가지입니다. 그들도 목표를 세워놓고 작심삼일을 하기 일쑤였을 겁니다. 다만 성공한 사람들은 뚜렷한 목표가 있었기 때문에 실패해도 그때마다 다시 시작했다는 점이 다릅니다. 이처럼 목표를 세우고 그 목표를 이루기 위해 주어진 시간을 어떻게 계획하고 관리하느냐에 따라 인생이 달라질 수 있습니다. 목표는 거창하지 않아도 좋습니다. 작은 것부터 시작하면 됩니다. 작심삼일도 몇 번 하면 습관이 되고, 하루에 1퍼센트씩만 변해도 1년 뒤 달라진 자신을 보게 될 것입니다.

백 / 기 / 락

브랜드의 진화 1997년 대학 2학년 때부터 창업 동우회를 운영하며 소호 창업 강연 → 3학년 때 대학 중퇴, 입대 → 사업 → 자기계발 커뮤니티 운영(크레벤&크레벤 아카데미 회장) → 강사 → 자기계발 강사 에이전시 표방.

자본금 절망("사람을 진정으로 변화시키는 것은 희망, 꿈이 아니다. 그 사람의 절망, 벼랑이다. 즉 벼랑 끝에 몰리면 사람은 변하게 되어 있다." 백기락 대표의 엄청난 어록). 대한민국 신지식인(2000년 선정).

대표적 생산품 독서 강좌(패턴리딩), 자기계발 커뮤니티 운영, 콘텐츠 제작.

인생의 터닝 포인트 인터넷에 자기계발 커뮤니티를 운영하면서.

수입원 포트폴리오 강의료+인세 등=연 2억~2억 5,000만 원.

1인 기업가로서의 신조 남들이 가는 길은 절대 가지 않는다.

'백기락 브랜드'의 특징 자기계발 커뮤니티를 운영하면서 직장인들의 독서 습관을 바로잡고 자기계발 효과를 높이기 위한 독서 강좌 프로그램 운영. 주로 40대 직장인들이 적극적으로 참여. 자기계발 강사들의 에이전시(허브) 역할. 크레벤은 비즈니스 네트워크 형성, 성공 인맥 구축, 자기계발의 3대 목표 추구.

실패만한 교훈은 없다,
멋진 실패로 반겨라

시행착오의 경험을 밑천으로 인생반전에 성공한 **심상훈**
(작은가게연구소 소장)

시행착오를 데이터화하라

앞서 백기락 대표가 독서경영에 앞장서면서 새로운 '블루오션'을 만
들어가는 1인 기업가의 대표 주자라면, 작은가게연구소
www.minisaup.com의 심상훈 소장(1964년생)은 창업 컨설팅 분야에서 성
공한 대표적 1인 기업가로 꼽힌다. 이들의 공통점은 일찍 비즈니스
세계에 뛰어들어 풍부한 현장경험으로써 자신만의 블루오션을 찾았
고, 그 분야에서 1인 기업가로 성공신화를 열어가고 있다는 점이다.
또한 이들이 대졸 중퇴에도 불구하고 학력의 벽을 이겨내고 자신의
영역에서 홀로서기에 성공할 수 있었던 것은 늘 책을 가까이하며 그

속에서 지혜를 구했다는 데 있다.

나아가 이들은 자신만의 활동에 그치지 않는다. 맨투맨 방식이기에 인프라 등에서 한계를 가지고 있는 1인 기업가들에게 '허브' 역할과 '에이전시' 역할을 해주고자 한다는 점도 닮아 있다. 어쩌면 이들은 아직은 일천한 우리나라의 1인 기업계를 한 단계 업그레이드하는 역할을 할 것으로 기대된다. 심 소장은 자신의 홈페이지에 다음과 같이 적고 있다.

열 명 모두를 장사로 성공시킬 수는 없습니다.

그러나 눈과 귀를 빌려주신다면 한둘은 가능하다고 장담할 수 있습니다.

수없이 장사에 도전했고 또 망해봤기에…

오늘의 제가 존재하는 이유가 생겨나는 것이고…

묵묵하게 장사하는 분들을 위해서

제가 해야 할 몫이 있다고 생각하고 있습니다….

창업 컨설팅 분야는 현재 춘추전국 시대의 형국이어서 누구나 도전하면 성공신화를 잡을 수 있을 것으로 생각하지만, 실무와 이론에 해박하지 않으면 홀로서기에 성공하기 힘들다. 심 소장의 경우 오랜 실전경험으로 이 분야에서 독보적 입지를 구축하고 있다는 평가다.

창업의 현장은 그야말로 삶의 전쟁터이다. 심 소장의 말대로 열 명 모두가 장사에서 성공할 수는 없다. 잘해야 한두 명만이 생존의 정글에서 살아남는다. 나머지는 모두 패자가 되어 비참한 현실 속으로 내던져진다. 마치 다니엘 골먼이 《SQ 사회지능Social Intelligence》에서 지적한 것처럼 '도시적 마취 상태'에서 냉혹한 현실과 외롭게 싸워나가야 하는 것이다. '도시적 마취 상태'란 혼잡한 도시와 거리에서 오는 자극을 피하기 위해서 곤경에 처한 주변사람들의 도움을 외면하거나 거절하려는 현대 도시인의 삶의 성향을 말한다. 도시의 냉혹한 현실에서 낙오되면 비참한 현실만 남는다. 더욱이 장사가 잘 될 때는 자주 얼굴을 내밀던 이들도 사업이 망하고 나면 얼씬조차 하지 않는다. 이게 인지상정일 것이다.

스콧 피츠제럴드의 《위대한 개츠비The Great Gatsby》에서 개츠비의 대저택을 찾던 수많은 군상들은 개츠비가 죽자 문상조차 오지 않는다. 롱아일랜드 해협과 맞닿아 있는 개츠비의 집은 여름밤이면 열기로 가득 찼다. 수백 명이 넘는 사람들이 개츠비의 저택에 방문해 새벽까지 흥청망청 즐기곤 했다. 개츠비는 사랑하는 여인으로 인해 억울하게 죽고 만다. 그렇지만 개츠비의 집을 찾던 수많은 사람들은 그들의 밤을 황홀하게 장식해 준 개츠비에 대한 고마움은 씻은 듯이 잊은 채, 누구 하나 개츠비를 애도하는 이가 없다.

《위대한 개츠비》는 한 남자의 눈먼 사랑을 그리고 있지만, 이를 비즈니스에 그대로 적용해도 교훈적인 이야깃거리라고 할 수 있다. 부유한 개츠비 주위에는 그의 '단물'을 빼먹으려는 사람들로 늘 북적거린다. 그렇지만 정작 그가 뺑소니라는 억울한 누명을 쓰고 옛 애인의 배반으로 인해 죽음에 이르는 과정을 보면, 도시적 삶이 얼마나 냉혹한지를 알 수 있다. 창업 세계는 어쩌면 이러한 '도시적 마취 상태'에 비유할 수 있다. 정글의 법칙이 적용되는 치열한 삶의 현장이 창업의 세계이다. 성공할 확률은 10퍼센트도 되지 않는다. 나머지 90퍼센트는 성공신화를 꿈꾸다 처절하게 쓴맛을 보고 뒤안길로 사라진다. 누구 하나 거들떠보지 않는다. 위안을 바란다면 그것은 더 큰 좌절과 실패로 이어질 뿐이다. 정글에서 살아남으려면 스스로 강해져야 한다. 위안과 위로 따윈 기대하지 말아야 하는 것이다. 창업 세계는 오히려 도시적 마취 상태가 자연스런 환경이라고 할 수 있다.

창업 컨설턴트들은 그런 창업 세계에서 초보 창업자들의 동반자 역할을 한다. 냉혹한 사업 세계에 뛰어든 초보 창업자들이 위기를 잘 넘겨 순항하도록 조언하는 역할을 하는 것이다. 그렇지만 많은 창업자가 자신의 능력을 과신하거나 정보에 어두운 나머지 조언자의 말에 귀 기울이지 않고 창업 컨설턴트에게 도움을 청하지 않아 화를 자초하기도 한다.

심 소장의 말처럼 10명 중에서 한두 명이 성공하는 게 시장의 법칙이다. 여기서 살아남지 못하면 그야말로 도시적 마취 상태에서 어느 누구의 관심도 받지 못하며 버려지는 존재로 전락하는 것이다. 개츠비처럼 잘나가던 사업가도 뜻밖의 사건에 휘말려 위기에 처하면 자신이 도왔던 이들조차 도움의 손길을 내밀지 않는다. 그래서 마키아벨리가 "사람(하인)에게 자비를 베풀기보다 두려움을 주는 존재가 되라"는 경구를 남겼던 것은 아닐지….

다른 사람과 윈-윈 관계를 도모하라

심 소장은 1980년대에 성균관대 한문교육학과에 들어갔다. 하지만 당시만 해도 한문은 고리타분한 것으로 치부됐다. 그는 고민을 거듭하다가 차라리 사회에 먼저 나가 세상 물정을 빨리 깨우치는 게 낫겠다는 판단을 내렸다. 세상이 어수선한 때여서 마음 둘 곳도 없었다. 그때 심 소장은 예기치 않은 일을 당했다. 사랑하던 여자가 "돈 없는 남자에게는 미래가 없다"며 그를 떠나버린 것이다. 울고 싶던 차에 뺨을 맞은 격이 되었다. '그래 차라리 돈을 벌어 일단 부자가 되자!' 라는 오기가 생기자, 그는 대학을 박차고 나와 돈벌이에 나섰다. 그는 미친 듯이 일에 빠져들었다.

그는 80년대 후반부터 수많은 업종에 도전했다가 쓴맛을 경험했다. 여성 액세서리 용품을 비롯해 노래방 기기를 팔러 전국을 돌아다녔다. 봉고차를 몰고 시골 장터에서 좌판을 열기도 했다. 냉동 탑차를 몰고 백화점에 물품을 납품하기도 했다. 김밥 체인점 일도 했다.

심 소장은 첫 직장으로 여성 액세서리 업체에 들어가 영업을 했다. 매월 1,000만 원의 수입을 올릴 정도로 영업 솜씨를 발휘했다. 주체할 수 없을 만큼 돈이 들어왔다. 사람은 너무 일찍 돈을 만지면 건방지게 마련인 것을 그때 절감했다. 그는 자신이 생각해도 딴사람이 되어 있었다. 돈이 들어오자 눈에 보이는 게 없었다. 흥청망청 썼다. 자신감은 자만심으로 바뀌었다. 심 소장은 "30대 초반에 돈을 많이 벌면 세상의 온갖 유혹에 넘어가 몰락을 자초하기 쉽다"고 충고한다. 그 자신이 그랬기 때문이다.

그는 영업맨으로 돈을 많이 벌자 직접 사업을 해야겠다고 마음먹고 생소한 외식업에 뛰어들었다. 레스토랑을 차리는 게 더 그럴듯해 보였다고 한다. 신림동에서 1992년에 5억 원을 들여 친구와 동업을 했다. 그때 심 소장이 영업 실적이 좋았던 액세서리 분야의 사업을 했다면 가속도가 붙었을 수도 있었을 것이다. 성급하게 사업을 시작해서인지 수익이 나질 않았다. 그제서야 액세서리 체인업을 하면 돈을 벌 수 있겠다는 생각이 들었다. 내친김에 친구와의 동업을 접고 1994년에 다시 액세서리 일에 뛰어들었다. 전국에 체인점을 30여 곳 내면서 순항을 했다. 또다시 욕심이 생겼다. 14K 보석을 취급했다. 현금으로만 거래가 이루어지는 것도 모르고 시작을 했다가 그만 현금이 달리면서 위기를 맞았다. 결국 1997년 6월에 그는 빈털터리가 되었다. 당시 신혼이었던 그는 살 집도 없어서 아내를 친정에 보내야만 했는데, 결국 다시 직장생활을 하며 아내와 살 집을 마련할 수 있었다. 그리고 어느 정도 안정을 되찾은 1999년 겨울에 그는 새로운 결심을 했다.

"2000년에 사주팔자를 보았는데 토±가 일곱 개인 것을 알았죠. 그때부터 '남을 도와줘서 내가 돈을 버는 삶을 목표로 살자'고 다짐했습니다. 수많은 시행착오를 겪으며 난관에 부딪혔지만 다른 사람을 도우면서 살고 싶다는 신념을 포기할 수는 없었어요. 그런데 그때 정말 우연찮게 사주팔자에 나온 것처럼 창업 컨설팅을 시작하게 되었습니다."

창업 컨설팅도 톡톡한 '수업료'를 지불해야 했다. 직원을 7명 두는 등 처음에 너무 거창하게 시작한 것이다. 돈을 벌어 직원들 월급을 주고 나면 어떤 때는 오히려 손해가 났다. 결국 2년여를 버티다 직원을 모두 정리하고 1인 기업가로 나섰다.

심 소장은 이렇게 실패를 반복하면서 '도시적 마취 상태'의 쓴맛을 톡톡히 경험했다. 잘나가던 사업이 하루아침에 쓰러지면 전날까지 친

했던 이들도 대놓고 외면했다. 심 소장은 너무 이른 나이에 성공가도
를 달리다 '속고 속이는' 시장의 법칙에 속절없이 당하기도 했다. 몽
땅 망하자 누구 하나 눈길조차 주지 않았다. 대저택에서 날마다 파티
를 열어주었지만 정작 위기에 처하자 아무도 나서주는 사람이 없었던
개츠비처럼 심 소장 역시 야박한 세상 물정에 가슴을 쳐야 했다.

　그는 삭막한 비즈니스 현실에서 다시 사업에 도전할 용기가 나지
않았다. 하지만 다른 사람을 돕거나 우호적인 관계를 유지하면서도
서로 이익을 도모할 수 있다는 믿음까지 저버릴 수는 없었다. 이른바
서로 '윈-윈' 관계를 도모할 수 있다는 희망을 버리고 싶지 않았던
것이다. 자신의 사업 경험을 살리고 서로 이익을 도모하며 상생할 수
있는 일이 뭔가를 생각한 끝에 그는 창업 컨설팅에 뛰어들었다.

　심 소장은 젊은 날 한발 앞서 산전수전 겪은 경험을 밑천 삼아 창업
컨설팅에 나서 7년째 솔로 컨설턴트로 사무실을 꾸려오고 있다. 특히
그는 다양한 경험을 하면서 상권을 보는 안목도 생겼다. 어느 매장이
장사가 잘되고 안 되는지 그 원인은 현장에 있기 마련이다. 그가 여전
히 현장 위주의 컨설팅을 고집하는 이유도 바로 여기에 있다.

　그는 컨설팅과 함께 예비 창업자를 대상으로 강연을 하고, 《시장을
깨우는 성공 마케팅》이라는 책을 냈으며, '영화에서 장사를 배운다'
라는 이색적인 칼럼을 주간지에 연재하고 있다. 대학을 중퇴한 심 소
장은 강연에서 종종 한자를 활용해 창업 컨설팅을 한다. 이는 한문교
육학을 택했던 그의 전공과 무관치 않다.

　장사는 고객의 마음을 읽는 서비스입니다. 마음은 생각을 말하는 것으로,

한자로는 '심心'으로 표기합니다. '心' 자를 풀이해 보면 획수가 총 4획입니다. 이는 시각, 청각, 후각, 미각으로 강조될 수 있습니다. 여기서 'ㄴ'자 모양새의 획이 글자 전체의 50퍼센트를 차지하고 있는데, 음식 장사로 적용하자면 '맛'에 비견할 수 있습니다. 맛이 성공 포인트의 절반을 차지하는 것과 같은 이치입니다. 하지만 주방장 출신이 음식 장사로 망하는 경우가 많습니다. 그 이유는 자기 솜씨(미각)를 과신하는 데 있습니다. 경영에서는 시각, 청각, 후각도 고려할 필요가 있는데, 그걸 방관했기 때문입니다. 가령 스타벅스는 종업원에게 향수 사용을 금지하고 있습니다. 커피의 본래 향을 유지하기 위함이죠. 고객의 후각까지 세심하게 신경 쓴 것이라 하겠습니다. 이렇듯 장사는 고객의 마음을 챙겨야 합니다.

비즈니스 경쟁에서는 여기에 한 가지가 더 필요합니다. 바로 '필必'입니다. 시각, 청각, 후각, 미각 외에 촉각이 마케팅에서 꼭 보태져야 합니다. 여기서 촉각이란 '감성적 체험'을 뜻합니다. 그 유명한 '틈새라면집'에 낙서할 수 있는 메모장이 왜 비치되어 있는지, 겨울철이면 꼭 숭늉만 고집하는 식당이 왜 문전성시인지에 대해서 곰곰 생각해 볼 일입니다. 돈의 가치로 환산하기 힘든 그 장소만의 독특한 체험을 담아서 판다면, 고객은 필이 꽂혀 기꺼이 닫았던 지갑을 여는 것입니다. 고객의 심장心에다 강렬한 체험을 심어놓으십시오. 그러면 반드시必 성공합니다.

독서로 재무장하라

심 소장이 현재 창업 컨설트 '빅4'에 거명되고 있는 원동력은 풍부한 독서에 있다. 그의 사무실에는 벽면 가득 책이 있다. 웬만한 대학교수 연구실을 방불케 할 정도이다. 경제경영이나 자기계발뿐 아니라 인문학 책들도 많다. 컨설팅은 단지 돈을 더 벌게 하는 데 있지 않고 인간관계학과도 연결된다고 생각하기 때문이다.

그가 독서광이 된 것은 거의 본능적이라고 할 수 있다. 그는 냉혹한 비즈니스 세계에 너무 일찍 발을 들여놓았던 탓에 성공과 실패를 반복해 겪으면서, 또다시 시행착오를 겪지 않으려면 간접경험이 중요하다는 것을 절감했다. 그는 연구소를 독서를 통해 생활의 지혜와 지식을 충전하는 곳으로 만들고 있다. 독서를 위해 5년 전부터 그는 사흘에 하루는 반드시 연구소에서 지내고 있다. 단지 책을 읽기 위해서다. 그는 1주일에 4권은 읽겠다는 목표를 세웠다. 심 소장은 "그렇게라도 하지 않으면 부족한 독서량을 채울 수 없고, 이 세계에서 살아남을 수 없다"면서 부인에게 양해를 구했다고 한다.

심 소장은 '학사재'라는 모토로 창업 컨설팅의 '패러다임'을 바꾸겠다는 야심 찬 프로젝트를 가동 중이다. 그는 "창업 컨설팅도 단순히 컨설팅을 하는 것만으로는 더 이상 시장의 요구에 부응할 수 없다"고 강조한다. 프랜차이즈 CEO들이나 예비 창업자들이 재테크, 전문기술, 창의적인 비즈니스를 할 수 있는 지식 및 교양을 갖추고 있어야 고객의 눈높이에 맞출 수 있는 사업이 가능하기 때문이다. 지식도 단순히 창업과 비즈니스에 관련된 정보뿐 아니라 어떻게 손님을 편하게 맞을 수 있는가에 관한 교양까지 포함한다는 것이다.

그래서 심 소장은 창업 CEO들이나 예비 창업자들의 창업에 필요한 컨설팅뿐 아니라 재테크와 교양도 높일 수 있는 사랑방 같은 '허브'를 구축할 계획이다. 일종의 브랜드 매니지먼트 역할을 하기 위해서다. 이곳은 창업자들의 재교육 메카 역할과 더불어 창업 컨설턴트와 강사들의 허브 역할을 겸할 것이다. 그렇게 되면 CEO들과 예비 창업자들, 현재 독자적으로 활동하고 있는 창업 컨설턴트가 서로 유기적으로 만날 수 있고, 이를 통해 폭넓은 인맥을 형성할 수 있을 것이다. 심 소장은 자신의 사무실을 자신뿐 아니라 다른 사람들이 안정적인 보금자리를 만드는 데 활용할 수 있도록 개방하고 있다. 이야말로 그가 꿈꾸었던 일이다. 다른 사람을 도우면서 돈을 버는 것으로 이보다 더 멋진 일은 없기 때문이다.

그는 창업 컨설팅은 '브레이크' 역할에 있다고 강조한다. 창업자들이 자신의 판단을 너무 믿고 앞만 보고 달리면 '느리게' 갈 것을 조언하고, 너무 직진만 하면 좌우회전을 할 수 있도록 조언하는 역할을 하겠다는 것이다. 창업 컨설턴트가 단지 장사를 잘하게 돕는 역할에 그치지 않고, 인간주의적인 비즈니스를 위한 조언자로서의 역할을 할 수 있다면 그보다 더 매력적인 일이 있을까.

오늘날 '도시적 마취 상태' 속에서도 길게 보면 인간에 대한 사랑 없이는 원하는 것을 이루기 어렵다. 장사도 다른 사람을 가족처럼 사랑하는 마음이 없으면 성공할 수 없다. 또한 기업과 소비자 사이에는 신뢰와 믿음 관계가 필수적이다. 수많은 불량 음식 파동은 자신의 잇속만 챙기려는 장삿속에서 비롯한 것이다. 자기 가족을 사랑하듯이 다른 사람을 사랑하는 마음으로 장사를 한다면, 나중에는 소비자들로부터 사랑과 신뢰를 얻고 아울러 부도 얻을 것이다.

자신이 너무 앞만 보고 살아왔다는 생각이 든다면, 혹은 지나치게

대박을 기대하거나 재테크에 집착하고 있다면 심 소장이 운영하는
'학사재' 프로그램에 참여해 보는 것도 좋겠다. 그곳에서는 먼저 마
음의 양식이 되는 독서를 통해 인간에 대한 사랑과 믿음을 배운다. 더
욱이 이곳에서 만난 인적 네트워크를 통해 행운을 부르는 기회도 얻
을 수 있지 않을까.

심상훈 소장이 말하는 창업 컨설턴트의 요건

✓ 무엇보다 창업현장(시장과 소비자)에서 5년 이상의 경력을 쌓아라.
직접 프랜차이즈 가맹점이나 독립 점포를 운영, 또는 직장으로 다녀
도 좋다.

✓ 다른 사람에게 조언해 주는 것으로 보람을 찾는 관계 지향적 리더
십을 갖춰라. 부자가 되겠다는 사업가적인 기질이 앞선다면 컨설턴
트로 나서지 않는 게 바람직하다.

✓ 창업자가 때로는 무리하게 영업에 나설 경우 최소한 '브레이크 역
할'도 수행하라. 컨설팅의 핵심은 무리하게 성공을 보증하는 데 있
지 않다. 투자 규모와 여건에 맞는 적정 수입을 올리게 하는 컨설팅
이 중요하다.

✓ 쉽고도 정확한 컨설팅 툴을 개발하라. 컨설턴트는 많은 예비 창업자
를 위해서 존재한다.

✓ 창업자가 보지 못한 면을 훈수할 수 있는 능력을 갖춰라. 그게 컨설
턴트와 일반 가게 사장과의 차별점이다.

일, 비전 그리고 멘토링…

창업 컨설턴트의 길은 그리 순탄하지만은 않습니다. 더욱이 짧은 시간에 승부를 걸고 말겠다는 생각은 위험천만합니다. 시장과 소비자는 컨설턴트의 이력과 평가에 매우 인색한 편입니다. 결코 짧은 기간에 승부를 보려 해서는 안 됩니다. 짧게는 1년 이상, 길게는 5년 뒤를 내다보고 꾸준히 컨설턴트의 길을 가는 것이 바람직합니다. 이는 또한 모든 변화에 통용되는 '시장의 법칙'이기도 합니다.

창업 컨설팅은 이론에도 밝아야 하지만, 단지 이론만으로 컨설팅에 나섰다가는 이내 바닥을 드러낼 수 있습니다. 창업 컨설턴트의 경우 풍부한 현장감각이 없으면 전문가다운 컨설팅을 해줄 수 없습니다. 이론과 현장감각을 접목해 컨설턴트로서 꾸준하게 자기 전문성을 키워나간다면 시장과 소비자는 반드시 반응하게 되어 있다는 것이 저의 소신입니다.

심 / 상 / 훈

브랜드의 진화 1980년대 말 대학 중퇴 후 직장생활 시작 → 1990년대부터 사업 → 30대 초반 성공과 실패 → 2000년부터 창업 컨설팅(작은가게연구소 소장) → 브랜드 매니지먼트(HNC 대표)로 영역 확대.

자본금 일찍 맛본 성공과 실패의 짜릿한 경험들.

대표적 생산품 창업 컨설팅.

인생의 터닝 포인트 사업 실패.

수입원 포트폴리오 현재 강의와 칼럼, 방송 패널, 기업 컨설팅 등을 통해 벌어들이는 수입은 월평균 1,000만 원 정도. 컨설팅비와 그 외 강사료 등 수입이 5대 5정도를 유지하고 있다. 창업 컨설턴트의 수입은 일정치 않다. 심 소장의 경우 칼럼과 강연 등으로 외부에 인지도가 높은 편. 인지도와 수입은 하루아침에 이루어지지 않는다. 그의 경우엔 2000년 상반기에 시작해 조금씩 활동과 명성이 알려지면서 5년째인 2005년부터 수입이 점진적으로 확대되었다고 한다.

1인 기업가로서의 신조 오로지 현장에 충실하라.

'심상훈 브랜드'의 특징 다양한 사업에서 얻은 경험을 바탕으로 상가 입지 컨설팅. 간판과 인테리어의 컬러가 마케팅에 미치는 요인까지도 분석.

오직 차별화만이 성공한다

전업주부에서 케이크 디자이너로 변신한 **전미경**
(J's 케이크 대표)

가정을 직장으로 발상을 전환하라

미국뿐 아니라 세계적으로 유명한 여성 기업인 마사 스튜어트Martha Stewart(1941년생)는 어릴 때부터 요리와 정원 가꾸기에 남다른 소질을 보였다. 1970년대까지만 해도 전업주부로 미국 코네티컷의 전원주택에 살던 그녀는 출장요리 사업을 시작했다. 그 뒤 요리와 인테리어 등을 주제로 책을 냈고, 신문에 칼럼을 썼다. 스튜어트는 《마사 스튜어트 리빙》이라는 잡지를 출간하고 방송 토크쇼 진행도 맡았다. 그러다가 2002년에는 주식내부자거래 혐의로 기소돼 5년 동안 가택연금 상태였다.

하지만 그녀는 재기에 성공해 여전히 미국 최고의 자수성가형 여성 CEO로 명성을 떨치고 있다. 현재 그는 마사 스튜어트 리빙 옴니미디어 회장으로, 2005년 시사주간지 《타임》의 '올해의 가장 영향력 있는 인물 100인'에 선정되었다. 그녀는 가난한 폴란드계 이민자의 가정에서 태어나 평범한 전업주부에서 미국 내 최고의 영향력을 발휘하는 여성 억만장자 CEO이자 '살림의 여왕'이라는 칭호를 얻고 있다.

국내에서도 출간된 《마사 스튜어트 아름다운 성공The Martha Rules》은 마사의 성공적인 인생과 일에 관한 에세이다. 이 책은 마사 스튜어트가 성공할 수 있었던 요인을 그 자신의 경험에 비추어 재미있게 설명한다. 열정, 빅 아이디어, 분석력, 전문성, 만반의 준비성, 품질관리, 인재, 판단력, 모험심, 아름다움의 10가지 성공 요소는 바로 마사 스튜어트가 자신의 관심 분야를 사업으로 성공시킬 수 있었던 '마사의 법칙Martha Rules'이다.

마사 스튜어트는 사업을 시작하려는 전업주부들에게 훌륭한 멘토가 된다. 이 책에는 마사를 멘토로 하여 성공한 전업주들의 이야기도 소개되고 있다. 식물에 대한 열정으로 종묘회사의 대표가 된 댄 힝클리, 고객에 대한 남다른 직업의식으로 뉴욕의 일류 헤어디자이너가 된 에바 스크리보, 직접 감기약을 만들어 낸 초등학교 선생님 빅토리아 나이트 맥도웰, 맨해튼에서 니트 상점으로 성공한 조엘 호버슨 등이 그 주인공들이다.

고객의 생각을 디자인하라

서울 가회동에서 '케이크 디자이너'라는 새로운 블루오션을 창출하고 있는 전미경 씨(1960년생). 그녀는 아직은 작은 걸음을 내딛고 있는, 한국의 마사 스튜어트라고 할 수 있다. 그녀는 1984년에 결혼해 18년여 동안 가정에서 요리 연구만 하던 전업주부 출신이다. 하지만 전미경 씨는 '고객의 생각을 디자인해 케이크로 표현해 줍니다'라는 독특한 콘셉트로 케이크 시장에 뛰어들어 이 분야에서 독보적인 위치를 확보하고 있다.

서울 가회동에 '제이스 케이크J's cake'를 운영하기 전까지 전업주부였던 그는 2004년에 매장을 열면서 화려한 변신을 시작했다. 2년여가 지난 지금, 그는 한 개에 수십만 원이나 하는 고가의 케이크를 팔며 케이크 시장의 블루오션을 창출하고 있다.

그의 커리어는 전업주부 이외에 달리 소개할 것이 없다. 그렇지만 그의 요리 경력은 22년이 넘는다. 남달리 요리에 관심이 많았던 그는 1984년 결혼을 하면서 본격적으로 요리 연구를 시작했다. 대기업 홍보실에 근무하는 남편의 늦은 귀가가 그녀에게는 오히려 자극제가 됐다. 남편을 기다리며 그는 요리 삼매경에 빠져들어 갔다. 그는 "남편을 원망하기보다 나의 잠재력을 계발하는 데 시간을 쏟았다"면서, "결혼 후 지금까지 집에 있으면서도 정장을 하지 않은 날이 없었다"고 한다.

"남편이 출근하면 저도 회사에 출근하는 직장인처럼 옷을 갈아입었어요. 옷매무새를 단정히 하면 마음도 정갈해지고 자세도 흐트러지지 않아요. 그러고 난 뒤에 요리를 하거나 붓글씨 연습을 하면서 하루를 보냈습니다.”

지금까지 그는 집에서 소파에 앉아 빈둥거리는 일이 없을 뿐 아니라, 낮잠을 자본 적이 한 번도 없다고 말한다.

남편은 툭하면 친구를 데리고 집으로 왔다. 그럴 때면 남편이 미워도 뚝딱 상을 차려냈다. 어떤 때는 너무 자주 손님을 데리고 와서 거의 매일 파티하는 집 같았다. 그럴 때마다 그는 남편이 대기업 홍보실에 근무해 먹고살자니 어쩔 수 없는 일이라고 위안을 했다. 남편의 친구들은 미안해서인지 그녀에게 요리 솜씨가 좋다며 칭찬을 아끼지 않았다.

“요즘 이런 남편은 이혼감이겠지만 예전에는 그 정도는 봐주었어요. 남편과 친구들의 칭찬 덕분에 저도 더 열심히 요리에 빠져들었죠.”

그는 요리에 빠져들면서 자신이 요리에 소질이 있음을 깨달았다. 한식과 중식, 일식 등을 전문가나 학원을 찾아다니면서 배웠다. 한식은 궁중요리 기능 보유자인 황혜성(2006년 12월 작고) 선생에게서 배웠다. 숙명여대에서 제빵과정도 이수했다. 대학에서 중어중문학을 전공한 그는 틈만 나면 한자와 한글 붓글씨도 익혔고, 여러 서예전에서 입상도 했다. 한글 붓글씨는 한글 특유의 궁체를 30년 동안 고집해 온 서예가 의당 이현종 선생에게서 배웠다.

이렇게 익힌 솜씨는 케이크 디자인을 하는 데 아주 유용하다. 그는 “무엇이든지 열심히 하면 나중에 다 소용이 있다”면서, “주부들이 집에서 할 일 없이 무료하게 시간을 보낼 것이 아니라, 자신의 적성에 맞는 일을 찾아 자기계발을 하면 언젠가는 크게 활용할 수 있다”고 주부들에게 당부한다.

우리나라 주부들은 대부분 비싼 외제 접시나 그릇은 찬장 깊숙이 보관하고 사용하지 않는 경향이 있다. 이에 대해 그는 "값비싼 접시가 있으면 고이 보관하지 않고 과감하게 사용한다"면서, "요리도 예쁜 접시에 담으면 훨씬 더 고급스럽게 보이고 맛있어 보이는 법"이라고 말한다. 이는 요리에 대한 애착과 정성을 더 갖게 한다.

전 대표는 처음에는 겁 없이 감각으로 요리를 만들었다고 한다. 남편은 틈만 나면 그녀에게 요리책을 사다주었다. 미국에 출장을 가서도 요리책을 선물로 사주었다. 처음으로 오븐이 생겼을 때는 너무 기쁜 나머지 요리 생각으로 밤잠을 설치기도 했다. 요리책이나 오븐 등은 집에 친구나 손님을 자주 데려오는 남편의 아부성 선물이지만, 이것들이 결국은 오늘의 전 대표를 만들어 준 셈이다. 전 대표의 남편 역시 회사생활을 잘하기 위해서는 어쩔 수 없는 일이기도 했다. 이런 '수업료' 덕분에 그녀는 요리의 달인이 되어갔다. 1994년에 목동 아파트에 살 때는 8년간 이웃 주부들에게 요리를 가르치기도 했다.

요리 솜씨를 키우고 이어 창업을 하도록 결정적인 계기를 제공한 것은 남편이었다. 남편은 밤늦게 술에 취해 들어와도 워드로 필요한 자료를 만들어 주었다. 그녀는 요리책에 나와 있는 재료의 양대로 요리를 하면 제대로 맛을 낼 수 없다고 말한다. 한마디로 요리책이 엉터리라는 것이다. 그래서 그녀는 자기식대로 요리를 해서 성공하면 재료의 양을 수치화해 기록해 두고, 이를 남편에게 워드로 입력해 줄 것을 부탁했다. 그녀가 참고하는 요리책은 시중에 나와 있는 요리책이 아니라 자신이 정리하고 남편이 자료를 입력해 만든 것이라고 한다.

때로 남편은 밤늦게까지 요리를 하는 아내 곁에서 꾸벅꾸벅 졸면서
도 아내의 요리과정을 지켜봐 주었다. 그것은 늘 바쁜 남편이 아내에
게 해줄 수 있는 최상의 예의라고 할 수 있다. 전 대표는 "남편이 늦게
까지 내가 요리하는 모습을 봐준 게 너무 고마웠다"면서, "만약 남편
이 '그 따위 요리를 왜 하느냐'고 구박을 하거나 눈치를 줬다면 요리
에 흥미를 잃었을 것"이라고 말한다.

늘 긴장감을 늦추지 말라

남편의 적극적인 독려와 후원에 힘입어 전 대표는 2002년 홈페이지를
만들어 '디자인 케이크'를 콘셉트로 온라인 창업을 했다. 너무 신이
난 나머지 거의 매일 밤샘을 하면서 케이크를 만들었고, 다음 날 지방
까지 배달을 다녀오기도 했다. 그래도 피곤하지 않고 신이 났다.

창업한 뒤에도 남편은 졸음을 참으면서 케이크 만드는 것을 지켜봐
주는 등 격려를 아끼지 않았다. 남편은 틈틈이 홈페이지에 올리는 자료
를 입력해 주었고, 운영에 관련된 마케팅 조언도 아끼지 않았다. 특히
남편은 '특별한 날 특별한 사람들에게 필요한 케이크'를 만든다면 시장
성이 있을 것이라며 '이야기가 있는 케이크'의 개념을 코치해 주었다.

"남편은 직장생활에서 얻은 사업감각을 바탕으로 사업 전반에 대
해 코치해 주었어요. 처음에 '디자인 케이크'라는 콘셉트를 정하고
가격을 높게 책정한 것도 다 남편의 아이디어였죠. 수많은 빵집에서
케이크를 만들고 있는데, 이들과 차별화하지 않으면 경쟁력이 없다는

판단이었죠. 남편의 말대로 '개별 손님의 요구에 따라 디자인한 맞춤형 고급 케이크'라는 이미지로 승부를 걸었습니다."

남편의 조언대로 결과는 대박이었다. 별다른 홍보활동을 하지 않았지만 입소문을 통해 알려졌다. 케이크를 찾는 사람이 늘자 용기를 내어 2004년 3월에는 서울 가회동에 가게를 열었다. 1남 1녀를 키우는 전업주부가 집에서 요리를 하며 '내공'을 쌓은 지 20년 만의 일이다.

그녀가 만드는 케이크는 대부분 수십만 원대이지만 손님이 몰리는 이유는 특별한 케이크를 원하는 고객의 요구를 케이크에 디자인한다는 데 있다. 그녀는 '이야기 있는 케이크'를 만들기 위해 고객에게 아주 사소한 이야기까지 꼬치꼬치 캐묻는다. 때로 오해를 받기도 하지만 고객의 이야기를 많이 들을수록 고객을 감동시키는 특별한 케이크를 만들 수 있다는 생각에서다.

"고객의 요구에 맞는 '테마 있는 케이크'를 만들어 내려면 이 정도의 수고쯤은 감내해 내야 한다"고 그녀는 말한다. 고객의 요구에 맞춰 정성을 다해 만들 때, 고객은 '나만을 위해 만들었구나' 하는 생각을 하면서 더욱 감동하는 것이다. 고객이 급하게 하루 만에 케이크를 만들어 달라고 하면 정중히 주문을 거절한다. 최소한 '1주일 전 주문'을 원칙으로 하고 있기 때문이다. 그녀는 "다른 곳에서 만들 수 있는 케이크는 결코 만들지 않겠다는 자긍심을 가지고 케이크를 만든다"고 말한다. 전 대표에게 케이크는 일종의 '이벤트가 있는 문화상품'이라고 할 수 있다. 영국 황실에 납품하는 케이크는 그 가격이 무려 1,000만 원에 이른다고 한다. 그녀는 케이크를 통해 문화 마케팅이 가능한 그런 케이크를 만드는 게 목표이다.

처음에는 고객이 주로 여성이었는데 요즘은 남성 고객도 많이 늘고 있다. 또한 인기 가수의 팬클럽 회원들이 축하용 케이크를 주문하기도 한다. 그녀는 "주문을 받으면 '우리 가족이 먹는다'는 생각으로 케이크 하나하나에 정성을 들이고, 특히 고객의 요구에 맞춰 '이야기가 있는 케이크'를 만들려고 노력한다"고 말한다. 특히 어떤 날 어떤 분에게 사용할 것인지, 나이는 어떻게 되는지, 특별한 취향이 있는지, 연인에게 줄 선물인지 등의 내용에 맞춰 만든다고 한다. 그게 어쩌면 성공비결 가운데 으뜸이 아닐까. 가족이 먹을 음식을 가지고는 결코 '장난'을 칠 수 없기 때문이다.

전 대표는 "전업주부였지만 항상 긴장감을 잃지 않으면서 요리와 서예, 불화, 민화 등의 취미활동을 한 것이 큰 도움이 되고 있다"면서, "이게 결국 창의적인 디자인을 하는 바탕이 되고 있다"고 말한다. 2005년부터 그의 노하우를 배우려는 '제자'들이 찾아오기 시작해 요즘은 강의도 하느라 더욱 바쁜 하루를 보내고 있다.

일, 비전 그리고 멘토링…

먼저 모든 전업주부들은 저를 보고 용기를 얻으시기 바랍니다. 저는 제가 잘하는 분야인 요리에 승부를 걸었는데, 그게 적중했습니다. 저는 빵 전문가도, 케이크 전문가도 아니었습니다. 처음에는 누구나 서툴지만 열심히 하다 보면 도가 통하는 것입니다. 저를 보세요. 주부에서 사장으로 화려하게 변신했잖아요. 저는 가게를 시작할 때부터 '비슷한 케이크로는 차별화에 성공할 수 없다'고 확신했습니다. 아니 저보다 남편이 더 정확하게 예상을 했습니다. 그래서 저는 '특별한 날을 위한, 특별한 사람을 위한, 특별한 디자인의 케이크'로 승부를 걸었습니다. 특별한 케이크이기에 가격도 아주 비싸게 정했습니다. 요즘은 오히려 비싸야 잘 팔립니다. 마케팅은 기업체 홍보맨으로 오랫동안 근무해 온 남편의 도움이 컸습니다. 남편의 마케팅 조언은 결과적으로 대박이었습니다. 시장의 요구를 잘 읽고 전략을 세운 것이지요. 전 그때부터 남편의 말이라면 모두 오케이입니다.

그래서 저는 전업주부가 사업가로 변신하는 데 성공하려면 무엇보다 남편의 도움이 절대적으로 필요하다고 봅니다. 즉 남편을 조력자나 멘토로 모셨는가가 가장 중요하다고 생각합니다. 물론 손님을 고객이 아니라 가족으로 접근하는지도 중요하구요.

앞으로는 마케팅 전략으로 문화 이벤트를 강화해 나갈 계획입니다. 프랑스의 사회학자 장 보드리야르Jean Baudrillard가 이런 말을 했다고 합니다.

"요즘 사람들은 다른 사람이 소비하지 않는 것만을 소비하려고 한다."

비즈니스에 뛰어드는 분들이라면 이 말을 명심하셔야 합니다. '오직 차별화만이 성공한다'는 말은 우리 시대의 독송讀誦과 같은 것이라고 할 수 있습니다.

전 / 미 / 경

브랜드의 진화 1984년에 결혼해 줄곧 전업주부. 2002년 홈페이지를 만들어 J's 케이크를 창업하고, 2년 뒤 서울 가회동에 가게를 냄.

자본금 전업주부 20년의 내공+남편의 외조. 남편이 1인 기업가로 홀로서기를 하려면 아내의 내조가 절대적이고, 아내가 홀로서기를 하려면 남편의 외조가 반드시 필요하다.

대표적 생산품 특별한 날, 특별한 사람을 위한, 특별한 맞춤형 케이크. 다른 곳에서 만드는 케이크는 결코 만들지 않겠다는 게 원칙.

인생의 터닝 포인트 인터넷에 홈페이지 오픈. 그러나 결혼 이후 늘 긴장된 생활을 하며 요리 연구와 취미 계발에 전념한 것이 밑바탕이 됨. 씨를 뿌리지 않고 수확하려 한다면 그건 놀부 심보다.

수입원 포트폴리오 케이크 판매+강의=아마도 남편 연봉보다 많을 거라고.

'변화'에 대한 절박함 없이는 아무것도 이룰 수 없다

변화경영으로 자신만의 브랜드 포지셔닝에 성공한 **구본형**
(구본형변화경영연구소 소장)

직장생활을 밑천으로 스페셜리스트로 나서라

레스터 서로 MIT대 교수가 새로운 부를 창출하기 위해서 강조한 10가지 중 1인 기업가들이 반드시 명심해야 할 게 있다. 먼저 성공을 위해선 과감히 자신을 파괴하라는 것이다. 현재 잘나가는 기업들은 미래 또 다른 부의 원천이 될 새로운 환경을 구축하기 위해서 기존 관행과 모델을 과감히 파괴할 필요가 있다.

둘째는 교육, 인프라, R&D투자가 성공을 보장한다는 것이다. 미국이 나 홀로 경제 호황을 구가한 것은 1980년대부터 지속적인 교육, 연구 개발 투자가 있었기 때문이다. 1인 기업가도 지속적인 학습의 기회를 갖지 않는다면 자신의 명함을 내밀 수 없다.

셋째는 새로운 지적재산권 시스템을 구축하라는 것이다. 1인 기업가는 자신만의 콘텐츠를 보유하고 지속적으로 업그레이드하는 것과 동시에 축적할 수 있어야 한다. 지적재산권을 확보하지 않고서는 1인 기업가로 성공할 수 없다.

넷째는 미지의 분야에서 경력을 쌓아야 한다는 것이다. 평생 자신의 기술을 개발하는 것과 함께 남들이 하지 않는 분야에서 커리어를 쌓을 필요가 있다.

다섯째는 재능이나 추진력만으론 부족하며 행운도 따라줘야 한다는 것이다. 뛰어난 재능을 지닌 빌 게이츠는 자신에게 찾아온 행운을 부가가치로 만드는 능력 또한 있었다. 부자가 되려면 적절한 기술과 함께 적재적소에 행운도 따라줘야 한다. 1인 기업가들이 성공할 수 있었던 데는 운도 한몫했다.

변화경영가로 자리매김한 구본형 소장(1954년생)의 경우 외환위기 이후 변화된 환경에서 절묘하게 대박을 터뜨렸다. 그가 1998년 4월에 출간한 《익숙한 것과의 결별》은 그동안 우리 경제가 변하지 않고 지나온 결과 외환위기를 초래했는데 기업이든 직장인이든 변하지 않으면 도태된다는 메시지를 던졌다. 즉 익숙한 모든 것들과 결별하지 않으면 굶어죽을 수밖에 없다는 것이다. 이 책은 절묘한 시기에 출간되어 대박을 터뜨렸고, 구본형이라는 이름을 세상에 알린 터닝 포인트가 되었다. 외환위기가 그에게는 행운을 가져다준 셈이다.

구본형 소장은 서로 교수가 말한 부의 창출 10가지 조건 가운데 위의 5가지 조건을 갖추면서 때를 기다리고 있었다고 해도 무방할 것이다. 먼저 그는 IBM을 뛰쳐나옴으로써 과감히 자기 자신을 파괴했다. 둘째, 그는 학습을 게을리 하지 않았다. 역사학을 전공한 그는 서강대 경영대학원에서 경영학을 공부했다. 셋째, 자신만의 지적재산권 시스템을 구축했다. 그는 회사를 나오기 전 이미 베스트셀러 저자가 되었고, 이후 연이어 베스트셀러를 내면서 자신만의 지적재산권 콘텐츠를 구축해 나갔다. 넷째, 남들이 시도하지 않은 '변화경영' 을 들고 나옴으로써 자신만의 브랜드를 포지셔닝할 수 있었다. 다섯째, 외환위기가 오히려 그에게는 기회가 되었다. 즉 재능과 추진력에 운이 가세한 것이다. 변화를 강요당한 사람들은 왜 변해야 하는지에 대한 해답을 그에게서 구할 수 있었던 것이다.

구본형 소장은 《익숙한 것과의 결별》 서두에서 "직장인은 죽었다. 전통적인 의미의 직장인은 더 이상 존재하지 않는다. 지금 남아 있는 것은 과거의 껍데기이며 유령이며 아직 사라지지 못한 잔영"이라고 말하며 직장인들의 변화를 강조하고 있다.

이른바 '직장 붕괴' 의 시대에 살아남기 위해서는 누구든 '변화경영' 의 깃발을 가슴속에 꽂아야 한다는 것이다. 그리고 "하루에 두 시간은 자신만을 위해 써라. 마음을 열고 욕망을 흐르게 하고 선택한 욕망에 인생을 걸어라. 그리고 매일 마음을 다해 그 일에 빠져들어라"라고 주문하면서 다음과 같은 조언을 한다.

"하고 싶지만 잘 못하는 일은 그대와 인연이 닿지 않는 것이다. 옷소매조차 스치지 못한 인연이니 잊어라. 하기 싫지만 잘하는 일 역시 그대를 불행하게 만든다. 평생 매여 있게 하고, 한숨 쉬게 한다. 죽어서야 풀려나는 일이니 안타까운 일이다. 하고 싶은 일과 잘하는 일을 연결시킬 때 비로소 그대, 빛나는 새가 되어 하늘을 날 수 있다."

떠밀리기 전에 떠나라

현재 우리나라에서 억대 연봉자는 전체 소득자의 2퍼센트 수준인 3만 명에 이른다. 대기업 기준으로 임원급 이상이나 사업자의 경우 버거킹 매장 소유자들이 이에 해당한다. 세계적으로도 직장인에게 억대 연봉은 꿈의 액수이다. 억대 연봉은 대부분 직장생활을 20년 이상 해야 달성할 수 있다. 때문에 직장에 다니지 않고 혼자 자유롭게 일하면서 억대 연봉을 달성할 수 있다면 그야말로 모든 직장인이 선망하지 않을 수 없다.

직장생활을 하다 홀로서기를 통해 꿈의 '억대 연봉'을 달성하는 1인 기업가들이 늘고 있다.

가장 대표적인 1인 기업가로는 이름만으로도 파워 브랜드로 통하는 구본형 씨가 꼽힌다. 그는 20년 동안 근무한 한국IBM을 2000년에 그만두고 '변화경영'을 화두로 컨설턴트로 활동하고 있다. 그는 홀로서기를 한 지 5년 만에 '기업에서 모시고 싶은 최고 명강사'로 자리매김했다. 구 소장의 부인은 그가 회사를 그만둔다고 할 때 반신반의했지만, 1년 만에 그가 홀로서기에 성공하자 부인 역시 다니던 직장을 그만두었다고 한다.

구 소장은 외환위기의 급류가 휘몰아친 1998년에 《익숙한 것과의 결별》이라는 책을 내놓으면서 이름을 알리기 시작했다. 이 책은 당시 외환위기 상황에서 '변화'라는 새로운 패러다임을 불러일으키며 베스트셀러가 되었다. 삼성 이건희 회장이 "아내를 제외하고는 모든 것을 바꿔야 살아남는다"고 말한 것에서 알 수 있듯이, 외환위기를 벗어나기 위해서는 기존의 낡은 습관을 버리고 새롭게 변하지 않으면 안 되었다. 이때 구 소장이 던진 '변화경영'이라는 화두는 한국 경제뿐 아니라 모든 기업인과 직장인들이 마음에 되새겨야 할 새로운 덕목이 되었다. 외환위기를 불러온 경쟁력 약화, 부패의 사슬고리를 끊기 위해서는 기득권을 포기하고 변화와 개혁의 바람이 절실했던 것이다.

외환위기를 극복하는 데 동력을 준 이 책에 담긴 내용은 그가 한국 IBM에서 근무하며 수행한 직무와 무관하지 않다. 그는 1980년부터 2000년까지 한국IBM에서 근무하며 경영혁신 관련 기획과 실무를 총괄했고, IBM의 아시아태평양 지역 조직의 경영혁신을 컨설팅했다. 이러한 업무 경험은 그가 홀로서기를 감행하는 데 큰 힘이 됐음은 물론이다.

수동성이 인생을 망칠 수도 있다

《익숙한 것과의 결별》은 구 소장이 홀로서기를 꿈꾸면서 준비한 결과물이라고 한다. 1996년에 직장생활 16년차를 맞은 그는 지리산으로 1개월간 단식여행을 떠났다. 나이 마흔을 넘기자 '이제 직장을 떠날 때가 된 것이 아닌가' 하는 생각이 들면서 이에 대한 답을 구해보고 싶었다고 한다.

이때 그는 '떠밀려 떠날 바에는 먼저 스스로 떠나는 것을 선택하자' 는 생각이 들었다고 한다. 그러면서 떠나기 위해서는 무엇을 준비해야 하는가에 대해 골똘하게 생각했다.

"단식을 시작하고 하루 종일 자유로운 시간이 주어졌지만 막상 할 일이 없었어요. 회사에서는 시키는 일을 하다 보면 하루가 갔는데, 쉬다 보니 아무런 하는 일 없이 하루가 그냥 갔습니다. 그때 '수동성이 내 인생을 망칠 수 있다' 는 생각이 번쩍 들었어요."

문제는 '밥' 이었다. 당장 회사를 그만두는 것은 불가능했다. 먼저 아내가 용납하지 않을 것이다. 스스로 떠나기 위해서는 무엇을 준비해야만 했다. 아내를 설득하기 위해서는 아내에게 보여줄 무언가가 필요했다.

구 소장은 회사가 주었던 수동성을 끊고 자기 인생의 주인이 되기 위해서는 회사가 아니라 자신을 위한 일을 해야겠다고 생각했다. 그때 몇 년 전부터 하고 싶었던 일이 떠올랐는데, 그것은 다름 아닌 '글을 쓰는 일' 이었다.

기업과 개인이 살기 위해서는 변화가 필수적인데, 이러한 생각을 글로 옮겨보자고 생각한 것이다. 때마침 외환위기로 변화에 대한 사회적 갈망이 컸다. 회사에 다니며 시간이 부족했기에 매일 새벽 4시에 일어나기로 했다. 그는 출근시간 전까지 하루도 빠지지 않고 글을 썼다. 그렇게 2년 간 글을 쓰자 한 권의 책이 완성되었다. 이게 오늘의 구 소장을 있게 한 '백만 달러짜리 습관' 이다.

그의 명함에는 "우리는 어제보다 아름다워지려는 사람을 돕습니다"라는 문구가 적혀 있다. 그는 베스트셀러 작가이자 경영 컨설턴트이며 최고의 강사이지만, 자신의 도움을 필요로 하는 이들을 위해 의미 있는 작업을 하고 있다. 바로 자기계발을 추구하는 사람들을 돕는 것이다. 이는 그에게 사회적으로 의미 있는 일, 즉 '공익'과 연결되어 있다. 그는 "1인 기업가는 개인적 이익과 함께 공익적인 일도 의미 있는 삶을 위해 중요하다"고 강조한다. 그가 2년째 대가없이 10명 연구생들의 지적 창조작업을 돕는 이유이다.

그는 연구생들과 단식하며 늘 이런 말을 들려준다고 한다. 연구생들에게 그의 말은 어쩌면 저 아득한 곳에서 들려오는 구원의 메시지로 들릴지 모른다.

"자기 마음속에서 우러나오는 욕망을 믿어라. 여러 가지 마음을 유혹하는 욕망 중에서 오직 하나의 욕망만을 키워라. 그리고 그 일을 가장 소중한 것으로 여기고, 매일 마음을 다해 그 일에 빠져들어라. 시간을 씀에 있어 절제를 배워라. 각고의 단련을 통해 우리는 비로소 숙련이 주는 '맛'에 이르게 된다."

구 소장은 자신이 선택한 욕망에 인생을 걸기 위해서는 자신을 위해 쓰는 하루 두 시간을 무엇보다 중요한 우선순위로 올려놓아야 한다고 조언한다.

"가장 확실하게 두 시간을 사용할 수 있는 요령은 아무도 건드리지 않는 시간에서 두 시간을 빼내는 것이다. 이에 가장 좋은 시간은 새벽이다. 새벽에 일어나려면 저녁을 조금 먹고 일찍 잠자리에 드는 것이 제일이다. 1주일 정도 훈련을 하면 밤 10시쯤에도 잠이 온다. 다시 1주일 정도 내용이 가볍고 재미있는 책을 한 권 들고 잠자리에 누우면 곧 잠에 빠져들 수 있다. 새벽 4시나 5시 정도부터 두 시간 정도 시간을 내어 하고 싶은 일을 하라. 그런 뒤 하루를 시작하라. 하루가 길고 싱싱해진다.”

구 소장의 ‘하루 두 시간 활용론’은 모든 1인 기업가가 귀담아들을 만한 ‘잠언’이 아닐 수 없다. 굳이 새벽이 아니더라도 하루 두 시간씩만 자기 자신을 위해 할애한다면 누군들 성공의 길로 들어서지 않겠는가.

구본형 소장이 제안하는 1인 기업가의 자기경영 원칙

✓ 직무보다 고객에 집중하라.

✓ 자기만이 할 수 있는 틈새를 찾아라.

✓ 고객의 입장이 되어라.

✓ 거래보다 관계를 소중히 여겨라.

✓ 자신의 재능을 재활용하라.

✓ 고객이 감동하는 실험정신을 선보여라.

✓ 기대를 효과적으로 관리하라.

✓ 욕망과 꿈을 담아라.

일, 비전 그리고 멘토링…

"하루 두 시간 나를 계발하는 데 투자한 것이 나의 운명을 바꾸어 놓았다. 당장 오늘의 실행이 내일 나의 변신을 기약할 수 있다."

저는 새벽 4시부터 2시간 동안 집필을 합니다. 이는 1996년부터 지속해 온, 오늘의 나를 있게 한 '습관'이죠. 저는 16년 동안 한국IBM에서 근무했고, 나름대로 성공한 샐러리맨이었습니다. 그런데 어느 날, 미래에 대한 불안과 함께 거울 속의 제 모습에서 저를 발견할 수 없었습니다. 눈이 침침해지고 머리가 벗겨진 제 모습에서 또 다른 저를 발견한 것입니다. 그건 일종의 자각이었습니다. 당혹스럽고 제 자신에게 측은지심이 생겨나기 시작했습니다. 즉시 한 달간 휴가를 내고 지리산에 있는 '산사 단식원'에 들어갔습니다. 그만큼 심적인 절박감을 느꼈던 것인데, 절박하지 않으면 결코 자신을 변화시킬 수 없을뿐더러 변화를 이뤄낼 수 없습니다.

그 절박함이 '변화경영 전문가'라는 구본형 브랜드를 탄생시킨 계기였습니다. 한 달 단식과 체중 13킬로그램의 감량은 저에게 또 다른 변화를 가져다주었습니다. 비록 머리가 벗겨져 대머리가 되어가고 있었지만, 사회에 유용하게 사용할 수 있는 경험은 제 머리에 더 많이 쌓여 있다고 위안을 했습니다. 그 위안을 통해 비로소 '나는 할 수 있다'는 자신감을 얻은 것입니다. 이와 같이 변화를 위해서는 어떤 계기가 필요하다고 생각합니다. 대머리가 되신 분들은 그만큼 경험과 지혜라는 연륜이 머릿속에 더 많이 들어 있는 것입니다. 결코 포기하거나 절망하지 마시기를….

구/본/형

브랜드의 진화 1980년부터 20년 동안 한국IBM에서 직장생활 → 2000년 구본형 변화경영연구소 대표.

자본금 변화에 대한 갈망.

대표적 생산품 변화경영 컨설턴트.

인생의 터닝 포인트 1998년 《익숙한 것과의 결별》을 내면서. 책을 내기 위해 1996년부터 2년간 매일 새벽 4시에 일어나 두 시간 동안 원고를 채움. 준비된 2년이 있었기에 책을 낼 수 있었음. 글쓰기를 시작해 책을 낼 준비를 하면서 직장과의 이별 준비. 준비된 이별은 뜻밖의 이별보다 더 풍요로운 제2의 인생을 선물해 준다는 점을 명심하자.

수입원 포트폴리오 강연+인세+칼럼=가족이 행복할 만큼의 수입. 구 소장이 1인 기업가로 성공적인 변신을 하자, 맞벌이를 하던 아내도 직장을 그만두었다. 일반적으로 남편이 회사를 그만두면 불안해서 되레 부인이 직장을 구하는데, 구 소장의 부인은 그만큼 남편을 굳게 믿고 있다는 반증. 구 소장의 가장 큰 수입원은 아내의 믿음이 아닐까?

생각하는 능력이 가장 큰 경쟁력이다

삼성전자를 그만두고 자신만의 비즈니스 모델을 계발한 **박종하**
(창의력 컨설턴트)

직장인의 전성시대는 갔다

"새로운 것은 하나도 없다"는 말이 있다. 세상에 온전히 창조적인 것은 없다는 의미일 텐데, 그렇다면 문제는 기존의 것들을 모방하면서 어떻게 전혀 다른 것으로 가공하느냐에 달려 있다고 할 것이다. 혁신적인 작품은 모방을 하면서 새로운 관점으로 해석하고 풀이해 내는 과정에서 탄생하는 것이 아닐까. 창의적인 사고, 창의적인 발상은 전혀 새로운 것이 아니라 인류 역사상 수많은 자료와 경험에서 얻어진다고 할 수 있을 것이다.

창의성이나 창의적 사고는 오늘날 기업 환경에서 아무리 강조해도 지나침이 없는 덕목이다. 기업마다 사활을 걸고 있는 게 바로 창의적인 인재 확보다. 창의적인 인재 확보는 기업의 성패와 직결될 수 있기 때문이다.

박종하 박사(1970년생)는 '창의력 컨설턴트'라는 다소 이색적인 명함을 가지고 있다. 창의력 컨설턴트란 일종의 산업교육 차원에서 기업의 임직원들을 대상으로 창의적 사고를 이끌어 낼 수 있는 방법을 컨설팅하는 일이다.

이학(수학) 분야의 박사인 그는 애당초 대학 강단에 서기보다 기업에서 요구하는 창의력을 북돋워 주는 일에 승부를 걸었다. 고려대를 졸업하고 KAIST에서 박사학위를 받은 그는 대학교수가 되겠다는 생각은 애당초 없었다. 박사학위를 받은 동기들이 너나없이 대학교수직에 노크를 했지만, 그는 교수직에 미련을 두지 않았다. 교수직에 대한 애정을 다른 곳에 쏟는다면 더 의미 있는 일을 할 수 있으리라 생각했기 때문이다.

기업에 입사하기로 결정한 그는 대졸자들의 입사 1순위로 꼽히는 삼성전자에서 사회 첫발을 내딛었다. 전공인 영상압축 분야에서 일을 시작했다. 그가 입사한 때는 외환위기가 휘몰아친 1997년이었다. 회사의 분위기는 그가 당초 생각했던 것과는 너무나 거리가 있었다. 회사는 직장이라는 따스함보다 냉기가 감돌았다. 사회적인 분위기는 더 살벌했다. 하루가 멀다 하고 직장인들이 회사에서 쫓겨났다. '조직은 더 이상 너를 필요치 않는다'는 보이지 않는 현수막이 도처에 걸려 있었다.

그는 기업들이 인재를 필요로 한다는 생각을 가지고 있었는데 실상

은 그게 아님을 깨달았다. 더 이상 인재를 필요로 하지 않는 기업 상황
이 일회적인 게 아니라 장기화한다면 회사원의 미래는 없다고 판단한
것이다. 어떻게 보면 박사학위를 가진 '순진한' 사회 초년생에게 외환
위기라는 악재가 정신을 번쩍 들게 만든 것이다. 그는 삼성전자가 대
기업으로서의 안정감과 밝은 미래를 기약해 줄 것이라는 환상을 버렸
다. 외환위기는 그로 하여금 삼성전자라는 대기업을 다시 보게 했고,
일찌감치 대기업에 대한 환상을 깨뜨려 준 셈이다.

1999년 박 박사는 삼성전자에 사표를 내고 새로운 도전에 나섰다.
당시 한창 유행한 벤처기업을 창업했다. 하지만 모든 게 그렇듯이 만
만하지 않았다. 그는 회사가 어려워지자 합병을 통해 대표이사직을
내놓았다. 이때 그에게 '창의력 컨설턴트'라는 새로운 세계가 다가
왔다. 가장 결정적인 영향을 미친 것은 에드워드 드 보노의 《수평적
사고Lateral Thinking》라는 책이다. 드 보노가 창시한 '수평적 사고' 개념
은 옥스퍼드 사전에 등록될 만큼 사고 분야에서 국제적으로 인정받고
있다.

드 보노는 창의성의 개념을 '개념과 인식을 변화시키는 데 필요한
창의적 기술'이라는 관점에서 설명하고 있다. 그는 사고를 '수직적
사고'와 '수평적 사고'로 구분한다. 수직적 사고란 기존의 지식과 경
험에 비추어 논리적으로 옳고 그름을 판단하는 사고이며, 수평적 사
고란 기존에 형성된 인식 패턴을 깨뜨리고 새로운 개념과 인식을 창
출하여 변화를 모색하는 사고이다. 즉 수평적 사고는 창의적 사고를
끌어내기 위한 체계적인 사고방식이다.

드 보노는 "창의성은 순간 번뜩이는 영감으로 얻는 '신비한 능력'

이나 선천적으로 타고난 '재능'이 아니라, 창의적 사고기법과 도구를 사용하고 훈련함으로써 개발할 수 있는 능력"이라고 역설한다. 또한 창의성 훈련은 단지 심리적 억압을 제거하고 자유롭게 마음속에 떠오르는 것을 이야기하도록 연습시키는 정도가 아니라, 좀 더 체계적이고 의도적인 창의적 사고기법을 활용하는 것이 중요하다고 강조한다.

나아가 드 보노는 지식과 정보가 홍수를 이루는 시대에서 그것들을 더 얻기 위해 발버둥치는 성실한 바보가 될 것인가, 아니면 그것들을 활용해서 새로운 아이디어를 만들어 내는 뛰어난 천재가 될 것인가를 되묻고 있다.

그러한 의미에서 셰익스피어는 정보를 잘 활용해 창의적인 작품을 만들어 내는 데 탁월한 재능을 보인 작가라고 할 수 있다. 즉 셰익스피어는 시리아의 전설에서 영감을 얻어 재가공해 《로미오와 줄리엣》을 탄생시켰다. 사람들이 《로미오와 줄리엣》을 읽고 시리아의 전설보다 더 깊은 감명을 받는 이유는 셰익스피어가 인간의 보편적인 감정을 승화시키는 창의적 영감을 그 작품 속에 불어넣었기 때문이다.

자신을 지킬 수 있는 비즈니스 모델을 개발하라

박 박사는 "생각이 그 사람의 모든 것을 결정한다"면서, "창의력 컨설팅이란 사람들이 생각하는 경험을 하도록 하는 데 도움을 주는 일"이라고 말한다. 생각하는 능력은 인간이 가진 가장 큰 힘이라고 말하지만, 대부분의 사람은 좀 더 나은 생각을 하기 위해서 특별하고도 체계적인 노력을 기울이지는 않는다. 박 박사는 바로 여기에 교육과 훈련이 가해진다면 창의력이 한층 고양될 수 있다고 강조한다.

그는 창의력이 기업의 사활에 중요하다면 창의적 사고를 훈련하는 교육 프로그램을 만들 경우 당연히 수요와 시장성이 있다고 판단했다. 그리고 이 일이 바로 자신이 해야 할 일이라는 생각으로 이어졌다. 마음이 있어서인지 길은 쉽게 열렸다. 2001년부터 PSI컨설팅에서 창의력 컨설턴트로 활동하기 시작했다. 1인 기업가에게는 자신과 같은 일을 하는 전문 조직을 파트너십으로 활용할 경우 큰 도움을 받을 수 있다. 이어 코리아인터넷닷컴에 창의력 관련 칼럼을 쓰기 시작했다.

박 박사는 2003년에 그간 써온 칼럼을 묶어 《생각이 나를 바꾼다》라는 책을 내면서, 기발한 생각과 유쾌한 상상력으로 비즈니스에서 성공하는 방법을 소개했다. 그는 2007년 초에 《아프리카에서 온 암소 아홉 마리》라는 우화형 자기계발서를 냈다. 이 책은 긍정의 힘과 자기실현의 예언 그리고 상대에 대한 조건 없는 믿음의 메시지를 담은 우화형 자기계발서이다. 그는 이 이야기를 몇 년 전 어떤 분께 이메일로 받았다고 한다.

아프리카의 어떤 마을에 추장의 아들이 청혼을 하는 날이었다. 그 마을의 풍습은 청혼을 하면서 신부에게 암소를 주는데, 평범한 여자에게는 암소를 한 마리 주며, 인기가 있고 선망의 대상이 되는 여인에게는 암소를 두 마리 준다. 마을이 생긴 이래 암소를 세 마리까지 받은 여인이 두 명 있었다고 한다. 그런데 그날 추장의 아들은 암소를 아홉 마리나 몰고 청혼을 하러 나섰다. 마을 사람들은 최고의 여인이 탄생하는 날이라며 모두 기뻐했다. 하지만 추장의 아들이 청혼한 여인은 정말 별 볼일 없는 여인이었고, 집안도 가난했다. 마을 사람들 눈에는 정말 어처구니가 없는 청혼이었다. 추장 아들과 친하게 지내던 선교사가 있었는데, 그는 청혼까지만 보고 결혼식을 보지 못하고 본국으로 돌아갔다. 세월이 지나서 다시 아프리카의 마을을 방문한 선교사는 아버지를 이어서 추장이 된 예전의 추장 아들을 기쁘게 만났다. 그런데 그의 옆에는 정말로 아름답고 교양 있고 마을을 잘 보살피는 여인이 있었다. 그 여인은 바로 과거에 추장의 아들이 청혼했던 별 볼일 없는 가난한 노인의 딸이었다. 처음에는 별 볼일 없어 보이던 여인에게 추장의 아들이 암소 아홉 마리라는 최고의 가치를 부여하자, 그 여인은 점차 그만한 가치가 있는 사람으로 변해 갔던 것이다.

박 박사는 이 이야기를 주변 사람들이나 강의 때 즐겨 인용했는데, 암소 아홉 마리 이야기를 들은 사람들은 모두 공감하며 긍정의 에너지를 느낄 수 있다고 전해주었다. 이에 그는 이 이야기를 긍정의 에너지를 일깨우는 책으로 만든 것이다.

오늘날 눈에 보이는 가치만을 좇는 시대에서 눈에 보이지 않는 가치까지 내다볼 줄 아는 사람을 만나기란 쉽지 않다. 박 박사가 하는 일이야말로 각박하게 살아가는 이들에게 의미 있는 메시지를 주고, 더불어 긍정의 에너지를 채워주는 사람을 만날 수 있게 하는 작업일 것이다. 그는 창의력 컨설턴트라는 새로운 길을 만들어 가고 있다. 글로벌 경쟁시대에 돌입하면서 무형의 가치를 자산이 있는 유형의 가치로 바꾸는 창의력 컨설턴트의 역할은 갈수록 커지고 있다.

박 박사는 특정 컨설팅 회사에 속하지 않고 활동하기도 하고, 또한 파트너십을 유지하며 활동하기도 한다. 둘 다 장단점이 있는데, 그는 파트너십이 좀 더 안정적인 활동을 보장해 준다고 말한다.

일, 비전 그리고 멘토링…

창의력 컨설팅 분야는 대부분 40대 이상 직장 경력이 많은 사람이 진출합니다. 저는 일찍 진출한 편입니다. 창의력 컨설턴트가 하는 일은 주로 기업체 교육을 통해 고객사의 직원을 교육합니다. 일에 대한 비전은 갈수록 높아지고 있습니다. 다만 다양한 경험과 신선한 아이디어를 불어넣어 줄 수 있는 교육이 관건입니다. 1인 기업가로 활동할 경우에는 혼자 대기업을 상대하기보다 컨설팅 회사와 파트너십 관계를 유지하는 게 바람직하다고 봅니다. 무엇보다 안정적인 수입을 보장받을 수 있습니다.

요즘 20, 30대를 보면 안타깝다는 생각이 듭니다. 누구나 할 것 없이 공무원 시험이나 대기업에 취직하려고 합니다. 박사학위자들도 대부분 교수가 되려고 안간힘을 씁니다. 가난한 강사생활을 수년째 해오는 이들도 교수직에 미련을 버리지 못하고 있습니다. 왜 그렇게 살아가나요? 공무원이 되고 대기업에 취직하면 그것으로 '행복 시작'이 아니라 '행복 끝'이라는 것을 왜 모르는지요. 물론 '행복 시작'인 사람도 있겠지만, 그렇게 많지는 않을 것입니다. 눈을 돌리면 세상에는 할 일이 너무 많습니다. 해외도 자주 나가서 안목을 키우시길 바랍니다. 세계에는 한국이라는 나라만 있는 게 아닙니다. 아프리카도 있고 중동도 있습니다. 또한 미국이나 유럽만 있는 게 아닙니다. 우리나라에서도 대기업이나 공무원 조직만 있는 게 아닙니다. 없어지는 일자리도 많지만 새로 생겨나는 일자리도 많습니다. 눈을 돌려 세상을 다시 바라보는 자만이 새로운 세상을 만날 수 있습니다. 자신의 꿈을 찾고 행복을 찾으려면 새로운 일에 도전하고 승부를 걸어야 합니다. 열정이 있는 삶은 그런 경우에 가능할 것입니다.

박 / 종 / 하

브랜드의 진화 고려대를 거쳐 KAIST 박사(수학) → 1997년 삼성전자 입사 → 1999년 퇴사 후 벤처 창업 → 2001년부터 창의력 컨설턴트로 활동.

자본금 거꾸로 생각하기.

대표적 생산품 창의력 컨설팅(기업체 교육), 창의력 칼럼.

인생의 터닝 포인트 외환위기 때 대량 해직 사태를 보며 '이렇게 살다가는 어느 날 갑자기 낭떠러지 아래로 떨어질 수 있겠구나' 라고 절감. 밀려서 낭떠러지 아래로 떨어지기 전에 회사를 나와야겠다고 결심하고 이를 실행하면서.

수입원 포트폴리오 컨설팅+강연+인세+칼럼+ '자유' 라는 보너스=삼성에 있을 때보다 연봉은 적지만 돈이 전부는 아니라고 생각함.

1인 기업가로서의 신조 박사학위자가 교수직에 대한 미련을 버리면 또 다른 세상을 만날 수 있다!

회사가 주는 기회를
적극 활용하라

LG전자를 그만두고 트리즈 전문가로 성공한 **윤홍열**
(TRIZ센터 대표)

모순을 극복할 수 있는 창의적 발상이 관건이다

글로벌 환경에서 기업들은 품질혁신과 창의성에 사활을 걸고 있다. 기업에서 열병처럼 도입해 시행하고 있는 '6시그마' 는 1980년대 말 모토롤라에서 시작한 품질 경영전략이다. 아울러 기업의 모순 극복을 통해 혁신적 발전을 가져온다는 '트리즈TRIZ' 라는 경영 컨설팅 툴도 그 연장선상에서 주목받고 있다. 특히 국내 삼성과 LG 같은 대기업에서 트리즈를 도입해 개발·마케팅 부문 등에서 상당한 성과를 거둔 사실이 알려지면서, 업계에서는 요즘 트리즈가 새로운 경영혁신 기법으로 급부상하고 있다.

트리즈 이론에 따르면 혁신적인 발전을 가져오는 기술은 그 기술적 시스템과 관련된 모순의 극복을 통해서만 가능하다. 따라서 모든 기술의 혁신적 발전을 위해서는 제일 먼저 그 시스템과 관련된 근본 모순을 찾아내야만 한다. 트리즈란 주어진 문제의 가장 이상적인 결과를 얻어내는 데 관건이 되는 모순을 찾아내고 이를 극복함으로써 혁신적 해결안을 얻을 수 있는 방법론이다. 트리즈는 어원상으로도 '창의적으로 문제를 해결하는 이론Teoriya Reshniya Izobretatelskikh Zadatch'으로 번역된다. 트리즈는 특허의 창의적 발상을 통계적으로 뽑아내 이를 활용해서 기업경영의 모순을 해결하는 툴이다.

트리즈를 창안한 러시아의 겐리흐 알트슐러Genrich Altshuller 박사는 14세에 처음으로 특허를 획득할 정도로 창의력이 뛰어났다. 그는 20대 초반에 벌써 트리즈를 개발하기 시작했다. 해군에 복무하면서 수천 건의 특허를 검토한 그는 '발명 속에는 법칙이 존재한다'는 사실을 터득한다. 그러다 1948년 스탈린의 과학교육정책, 특히 창의력교육정책을 비판한 그는 그 대가로 25년 형의 유죄를 선고받는다. 스탈린이 죽은 뒤 석방된 알트슐러는 트리즈 연구를 계속했다. 소련 몰락 이후 서구에도 알려지기 시작한 트리즈 이론은 1980년대 말에 도입되면서 전 세계적으로 주목받기 시작했다.

트리즈 전문가들은 트리즈와 6시그마의 용도를 구분하면서, 창조적 발상을 이끌어 내기 위해서는 트리즈를 사용해야 한다고 강조한다. 6시그마는 시그마sigma:σ라는 통계 척도를 사용하여 품질혁신과 고객만족을 달성하기 위해 전사적으로 실행하는 기업의 경영전략이다. 1980년대 말 미국의 모토롤라에서 품질혁신운동으로 시작되었다.

즉 6시그마운동의 궁극적인 목표는 품질개선운동에 전 종업원이 참여하는 것은 물론, 사무 부분을 포함한 모든 프로세스의 질을 높이고 업무 비용을 획기적으로 절감하여 경쟁력을 향상시킴으로써 세계 최고의 기업으로 만들자는 것이다.

반면 트리즈는 러시아에서 수많은 특허를 분석해 고안한, 창의적인 사고를 이끌어 내는 툴이다. 즉 알트슐러가 1946년부터 200만 건에 달하는 기존의 특허를 분석해 발명의 방향, 원리를 구현한 것이다. 더욱이 기존의 브레인스토밍brainstorming 같은 아이디어 발상기법 등은 실제로 문제를 해결해 주는 것이 아니라, 문제 해결을 위한 아이디어만을 제공한다는 점에서 트리즈와 다르다. 트리즈는 '무엇을 해결해야 하는가'를 가르쳐 주는 것과 함께 '어떻게 해결해야 하는지'를 가르쳐 주는 기법이다. 트리즈의 기대 효과는 제품 개발 시 발생하는 문제점을 40가지 원리 등 특유의 트리즈 기법으로 접근함으로써 단순히 문제를 개선하는 차원을 뛰어넘어 혁신적 문제 해결이 가능하다는 데 있다.

국내에서 대표적인 트리즈 전문가로 통하는 윤홍열 트리즈센터 대표(1968년생)는 러시아가 사회주의 국가였기에 자본주의적인 경영 툴을 고안해 낼 수 없어 그 대신 특허를 통해 창의적인 사고 유형을 분석해 낸 것이 트리즈라고 설명한다. 그는 "트리즈와 6시그마 모두 컨설팅 툴로 훌륭하지만 6시그마가 품질혁신운동에 초점을 둔 데 비해, 트리즈는 기술적 시스템을 혁신하려면 반드시 모순을 찾아내고 창조적 발상을 통해 해결해야 한다는 데 초점을 둔다"고 비교한다.

우리나라에서는 삼성이 트리즈를 경영 컨설팅의 툴로 잘 활용해 연간 2,000억 원의 이익을 보고 있다고 공식 보고하고 있다. 삼성은 트리즈 전문가 팀을 두어 다른 대기업보다 적극적으로 트리즈 툴을 운용하고 있다.

트리즈는 공산주의의 원조 국가인 구소련에서 나온 경영 컨설팅 기법이어서 한때 오해를 사기도 했다. 경영 전문가들조차 "자본주의 체제가 아닌 공산주의 체제에서 어떻게 자본주의의 꽃인 기업경영을 혁신하는 컨설팅 방법론을 만들 수 있느냐"는 것이다. KIST 고위 관계자조차 이런 '오해'를 할 정도였다. 윤 대표는 "한번은 이름만 들어도 알 수 있는 KIST 고위 관계자가 만나자는 요청이 와 갔더니 대뜸 트리즈에 대해 설명을 요구했다"면서, "구소련에서 나온 경영혁신 컨설팅 툴이라고 하니까 그 자리에서 일어나 나가버렸다"고 말했다.

대기업을 고객으로 만들어라

전 세계적으로 500여 개 기업에서 트리즈를 경영 컨설팅 툴로 활용하고 있다. 마이크로소프트, GE, 포드, 보잉, 제록스, P&G 등 해외 글로벌 기업을 비롯해 국내에서도 1996년 LG그룹을 시작으로 삼성 등 대기업들이 제품 성능의 개선과 신제품 등에 적용하기 시작하면서 확산되었다.

국내에서는 삼성이 가장 적극적으로 트리즈를 경영혁신 툴로 도입해 활용하고 있다. 삼성은 자체적으로 트리즈 전문가 팀을 운영하는데, 삼성전자는 러시아의 트리즈 전문가를 데려와 전문가들을 양성하면서 CTO(최고기술경영자) 산하에 트리즈 전담 팀을 두고 있다. 삼성종합기술원에서 '트리즈 전문가TRIZ Specialist'로 활동 중인 김효준 씨는 《생각의 창의성TRIZ》이라는 책을 냈다. 윤 대표는 "삼성은 트리즈를 활용한 결과 한 해 2,000억 원 정도의 이익을 보고 있다고 세계지식포럼에서 발표하기도 했다"고 전했다. 삼성이 영국의 지식경영 컨설팅 기업인 텔레오스가 선정한 2006년 아시아 지식경영 대상 수상 기업에 선정된 것은 트리즈를 활용한 경영혁신으로 큰 성과를 냈기 때문이라고 한다. 삼성은 그룹 내 트리즈 교육 수강자가 1,200명을 넘었고, 국제공인 트리즈 전문가도 100명이나 배출했다. 또한 트리즈를 적용한 특허 출원도 300여 건을 넘어섰다.

국내에서 트리즈를 처음 도입한 곳은 LG그룹이다. 윤 대표가 미국 연수를 통해 트리즈 전문가로 변신한 것도 LG전자에 근무했기에 가능했다. LG는 그룹 차원에서 소극적으로 운용하다 삼성그룹 등에 밀리자 최근 다시 트리즈를 활용한 경영혁신에 적극성을 띠고 있다. LG그룹은 LS그룹과 공동으로 트리즈협회를 결성했는데, 두 그룹의 계열사인 LG전자·LG화학·LS전선 등은 트리즈협회에 가입해 트리즈를 통한 문제 해결 정보를 공유하고 있다.

이외에도 포스코나 하이닉스 등에서도 전문 인력을 양성하며 트리즈 적용에 적극성을 보이고 있다. 20여 명의 트리즈 전문 인력을 양성한 하이닉스는 반도체 등 연구 분야에 트리즈를 적용하면서 연간 5,000억 원 이상의 생산성 개선 효과를 거둔 것으로 알려졌다.

기업이 6시그마와 함께 트리즈를 경영혁신 툴로 도입하는 데 대해 윤 대표는 "트리즈가 모든 문제를 해결해 주는 것은 아니겠지만, 조직의 타성으로부터 벗어날 수 있는 좀 더 창의적인 대안을 마련해 문제 해결에 접근할 수 있다"고 말한다.

기업 운영의 전반적인 프로세스를 이해하라

윤 대표는 트리즈에 푹 빠져 혼기마저 놓쳤다. 서울대 기계공학과(석사)를 마치고 1992년 LG전자에 들어간 윤 대표가 트리즈와 인연을 맺은 것은 회사에서 보내준 미국 연수 덕분이었다. 1996년 3주간의 짧은 트리즈 관련 연수가 그의 삶을 온통 뒤흔들어 놓았다. 그는 연수 후 트리즈 관련 업무를 맡아오다 2001년에 아예 회사를 그만두었다. 이어 4년 정도 트리즈 관련 소프트웨어를 취급하다 2005년에는 '트리즈센터'를 열고 1인 기업가로 홀로서기를 감행했다. 주위에서는 무모한 계획이라고 말렸지만, 그의 열정 앞에선 아무 소용이 없었다.

윤 대표는 현재 별도 사무실 없이 '트리즈센터www.trizcenter.co.kr'를 운영하면서 기업체의 트리즈 교육과 컨설팅에 전념하고 있다. 현재 삼성SDI를 비롯해 하이닉스, 포스코 등 대기업의 교육과 컨설팅을 하고 있다. 국내 트리즈 전문가로서 입지를 다지고 있는 그는 조만간 해외로 진출할 예정이다.

그는 취업을 준비 중인 구직자들에게 "대기업에 들어가면 항상 기업 운영의 전반적인 프로세스를 이해하려는 자세가 반드시 필요하다"고 강력하게 조언한다. 그러나 기업은 분권화된 조직체여서 웬만해서는 기업 내에서 프로세스를 보는 눈을 키울 수 없다. 이런 기업에서 직장생활을 하다 보면 한 분야의 전문가에 머물 뿐이다. 직장을 나와 기업체를 운영할 경우 프로세스를 보는 안목을 가지지 못한다면 경영 자체가 불가능하다. 요즘 직장인들은 회사에서 분업화된 조직 속의 일원으로 근무하기 때문에 자신의 전문 분야 외에는 무지할 수밖에 없다. 예를 들어 기획통이라면 영업이나 판매에서 자신이 없을 수밖에 없다. 오늘날 대기업에서 개인의 꿈을 키울 수 없는 이유는 분업화된 기업 조직의 속성 때문이다. 그는 "직장인이 기업의 프로세스를 보는 눈을 키우지 못한다면, 아무리 오랜 기간 직장에서 근무를 하더라도 정작 직장을 나올 경우 그 경력이 별 도움을 주지 못할 것"이라고 말한다.

한편 트리즈 전문가로 활동하기 위해서는 국제트리즈협회MATRIZ가 인증하는 '트리즈 전문가 자격(5단계 중 4, 5단계)'을 보유하고 있어야 한다.

일, 비전 그리고 멘토링…

트리즈는 최근 삼성과 LG에서 큰 성과를 거두면서 각광받고 있습니다. 트리즈는 모순을 발견해 창의적인 문제 해결을 이끌어 내는 기법으로, 글로벌 기업에서는 90년대에 이미 새로운 경영혁신 컨설팅 툴로 활용했습니다. 트리즈는 1인 기업가의 비즈니스 모델로도 손색이 없습니다. 한번 몰입하면 무한한 창의력을 시험해 볼 수 있어 자기만족과 보람도 상당합니다. 결코 밥은 굶지 않을 테니 한번 몰입해 보시기 바랍니다. 단, 결혼을 하지 않은 분은 심각하게 고민하신 뒤 입문하십시오. 저는 트리즈의 매력에 흠뻑 빠져 아직 결혼을 하지 못했으니까요. 세계적으로 활동하는 트리즈 전문가들 사이에도 "총각이 트리즈에 빠져들면 몽달귀신이 절대 놓아주지 않는다"는 악담(?)이 널리 퍼져 있다고 합니다.

윤 / 홍 / 열

브랜드의 진화 1991년 LG전자 입사 → 1995년 미국 트리즈 교육 연수 → 2000년 퇴사 → 트리즈 전문가로 활동 → 트리즈센터 대표.

자본금 나만이 문제를 해결할 수 있다는 자부심과 성실성.

대표적 생산품 트리즈를 활용한 경영혁신 컨설팅.

인생의 터닝 포인트 1995년 미국 트리즈 교육 연수.

수입원 포트폴리오 트리즈 교육 및 컨설팅을 위해 매일 대기업으로 출근할 정도. 사무실이 없는 것도 그곳에 머물 시간이 없기 때문이라고. 그만큼 일감이 많다는 반증이다. 일이 많으면 수익도 많은 법!

우연한 대박은 없다,
기본기부터 충실히 다져라

기존의 전문성을 발판으로 최첨단 직종으로의 업종 전환에 성공한 **박수란**
(스킨 일러스트레이터)

창조성과 차별화로 신직종에 도전하라

우리나라에서 월평균 1,500만 원 이상을 벌어들인다면 상위 5퍼센트의 고소득자에 해당한다. 연봉이 2억 원에 이른다면 웬만한 대기업의 임원보다 낫다. 직장인이라면 대학 졸업 후 20년 이상을 근무하더라도 그 중에서 10퍼센트 정도만이 받을 수 있는 액수라고 할 수 있다. 색다르게 비유하자면 우리나라 대통령의 연봉(2006년 기준)이 바로 2억 원이다. 2억 원은 최고의 프로게이머인 임요한 선수가 2005년에 받은 연봉이며, 프로야구 선수도 연봉 2억 원을 받으면 스타급이다.

그런데 신세대 일러스트레이터 박수란 씨(1981년생)는 벌써 한 해

수입이 2억 원에 육박한다. 대학(2년제) 졸업 후 3년 만에 거둔 성과다. 상위 10퍼센트의 직업 세계에서 수년간을 와신상담해도 달성하기 힘든 고액의 연봉을 박수란 씨는 불과 몇 년 만에 이룬 것이다. 더욱이 그녀가 하고 있는 일인 '스킨 일러스트'는 주전공도 아니었다. 그런 만큼 그녀의 성공신화는 청년 실업시대를 살아가는 동년배들에게 역할모델을 제공하기에 충분하다고 할 것이다. 특히 박수란 씨의 성공신화는 창업을 해도 수익모델이 시원치 않아 고민하는 이들에게 신선한 자극이 되고도 남는다. 아울러 직장에 얽매이지 않고 자유로운 작업을 원하는 1인 기업가들에게도 잘만 세상을 관찰한다면 새로운 수익모델을 개발할 수 있다는 가능성을 보여주고 있다.

박수란 씨가 대박신화를 일구고 있는 스킨 일러스트레이터는 최근 몇 년 새 급부상하고 있는 인터넷 관련 신직종이다. 스킨이란 싸이월드의 미니홈피 등 홈페이지의 배경을 장식하는 이미지로, 말하자면 홈페이지의 패션에 해당한다고 볼 수 있다. 스킨 일러스트는 스킨을 디자인하는 창조적인 작업이다. 처음에는 일러스트레이터들이 주로 작업을 했는데, 최근 몇 년 새 싸이월드 등에서 유료로 스킨을 상품화하면서 스킨 일러스트레이터가 전문적으로 작업하고 있다. 패션 일러스트가 광고나 여성잡지 등에 이용된다면, 스킨 일러스트는 싸이월드 등 인터넷 네티즌들에게 각광받고 있는 것이다. 스킨 일러스트레이터들은 대개 패션 일러스트 일을 겸하고 있다. 박수란 씨 역시 스킨 일러스트와 패션 일러스트 일을 겸하고 있다. 그는 "스킨 일러스트에서 가장 중요한 것은 창조성과 차별화"라고 강조한다.

박수란 씨가 자신의 전공 분야가 아닌데도 단숨에 능력을 발휘할 수 있었던 것은 네티즌들이 직접 만들고 선보이는 사용자 제작 콘텐츠UCC 영역을 십분 활용했기 때문이다. 그녀는 취미로 그린 디지털 아이템을 싸이월드에 응모했다가 스킨을 제공하는 사업 기회를 잡아 월평균 1,500만 원 이상의 매출 수익을 내고 있다. 박수란 씨의 비화가 인터넷 공간에 알려지면서 스킨 일러스트레이터가 새로운 인터넷 관련 인기 직종으로 네티즌들 사이에 급부상하고 있다.

박수란씨는 싸이월드의 협력 디자인 업체에서 근무하다가 지난해 4월 독립해 미니홈피 스킨을 디자인하고 있다. 현재 '디자인 샐리' 라는 1인 기업 아래 '애나케이', '제니의 초상' 이라는 두 개의 스킨 브랜드숍을 운영하고 있다. 도시적이고 세련된 이미지의 젊은 여성을 표현한 캐릭터 스킨이 매주 2개씩 새롭게 탄생한다.

사회적인 트렌드의 흐름을 타라

그는 몇 년 전만 해도 당장 생계를 걱정해야 하는 처지였다. 2003년 경민대학 만화애니메이션학과를 졸업한 그는 처음에 마땅히 취직할 곳도 없었다. 스스로 생각해도 재능이 뛰어난 편은 아니었다. 만화를 전공했지만 만화나 애니메이션에서 성공할 자신감도 부족했다. 튀는 아이디어가 있어야 살아남는 만화의 현장에서 그의 자리는 없어 보였다. 대부분의 동기생이 그랬듯이 그녀도 전공인 만화로는 먹고살 수 없을 것 같아 이곳저곳 회사에 이력서를 넣었다. 하지만 오라는 곳은 없었다.

"그 당시 이메일 플래시카드가 인기였어요. 한 회사에서 재택근무로 아르바이트생을 모집했는데, 생활비라도 벌어야겠기에 이 일을 시작했죠. 정말 힘들고 배고픈 시절이었습니다. 마음이 더 힘들었죠."

당시 '비비천사'라는 이름으로 세이클럽의 아바타를 만드는 디자이너가 큰 인기를 끌었다. 아바타는 만화 같기도 하고 패션 일러스트 같기도 해 '나도 할 수 있을 것 같다'는 생각이 들었다. 혼자서 눈물겨운 연습을 시작했다. 작가들이라면 반드시 거쳐야 하는 습작과정이다. 연습을 해도 누구에게 보여주는 게 아니기 때문에 평가해 줄 사람이 없었다. 하지만 그녀는 묵묵히 연습을 계속했다. '지금 내가 뭘 하고 있는 거지…'라는 생각이 슬그머니 들 때면 쓴웃음이 났다. 한창 젊은 날, 그녀 스스로 생각해도 청승맞은 모습이었다. 그럴 때면 눈물이 핑 돌았다.

그러던 중에 패션 일러스트를 하는 회사에서 일할 사람을 구했다. 이때다 싶어 응시를 했는데, 그녀는 운 좋게 취직이 됐다. 회사에서 그녀는 패션 일러스트뿐 아니라 광고 일러스트 등 일러스트의 모든 작업을 해야 했다. 작업량이 많아 정말이지 너무 힘들었다. 하는 수 없이 다른 회사로 자리를 옮겼다. 그 회사가 그녀의 인생을 뒤바꿔 놓은 스킨 일러스트를 하는 회사였다. 그녀는 스킨 일러스트뿐 아니라 패션 일러스트 등 기회가 닿는 대로 일했다.

"저는 대학에서 만화애니메이션을 전공했는데, 뜻밖에도 패션 일러스트를 거쳐 스킨 일러스트 일을 하게 되었습니다. 정말 행운이라고 해야죠. 패션 일러스트도 광고나 잡지, 책표지 등에 수요가 많아 각광받는 직종이지만 스킨 일러스트는 앞으로 무궁무진하게 발전할 수 있는 분야거든요."

박수란 씨의 말처럼 그는 만화애니메이션이라는 전통 직종에서 최첨단 신직종으로 가뿐하게 업종을 전환하는 데 성공한 것이다. 물론 스킨 일러스트를 할 수 있었던 게 만화애니메이션이라는 일과 연관성이 있기에 가능했겠지만, 박수란 씨처럼 업종 전환에 연착륙하는 경우는 그리 많지 않다. 그의 학과 동기들을 봐도 그렇다. 대부분 만화나 애니메이션과는 무관한 일반 회사에서 근무하고 있기 때문이다.

그녀는 패션 일러스트를 시작한 지 2년도 안 된 2005년 5월, 싸이월드에 스킨을 제공하는 회사에 들어갔다. 그녀는 이 회사에서 스킨 일러스트의 모든 것을 익힐 수 있었다. 그녀에게는 행운을 가져오게 한 직장인 셈이다. 일러스트 전문가인 사장은 그림을 보는 안목이 탁월했다. 그렇지만 일하는 직원 입장에서는 까다롭고 견디기 힘든 상사였다. 그래도 그 사장 덕분에 그녀는 그곳에서 일하며 패션 일러스트와 스킨 일러스트의 경우 어떤 그림이 시장에서 수요가 있는지를 터득할 수 있었다.

"사장님은 '예쁜 그림만으로는 안 되며 작가가 이 그림을 통해 무엇을 말하는지 확실해야 한다' 는 말을 귀에 못이 박히도록 했습니다. 저는 그 말을 마음 깊이 새겨놓고 작업을 합니다. 까다로운 사장님 덕분에 제가 스킨 일러스트의 세계에 한발 빨리 연착륙할 수 있었던 것 같아요."

박수란 씨는 그 회사에서 단순히 그림을 예쁘게 그린다고 인기를 얻을 수 있는 건 결코 아님을 배웠다. 이전까지는 예쁘게 그리기만 하면 잘 그린 그림이라고 생각했다. 하지만 사회적인 트렌드와 분위기

를 파악하고 이를 반영하지 않으면, 아무리 예쁜 그림도 잘 팔리지 않
는다는 걸 알게 됐다고 한다.

변화의 기회가 보이면 과감하게 도전하라

그녀는 어느 정도 실력을 쌓았다는 판단이 들자 프리랜서로 독립하기
로 마음먹었다. 회사에 다닌다면 안정적인 생활을 하겠지만, 더 나은
미래를 위해 변화를 꾀하기로 했다. 먼저 회사를 그만두었다. 그러고
는 싸이월드에 스킨을 제공하는 선물가게에 들어가기로 작정하고 포
트폴리오를 만들어 입점 제안서를 냈다. 그런데 천만 다행스럽게도
다양하고 차별화한 스킨 일러스트라는 평가를 받아서 입점이 통과되
었다. 그야말로 스킨 일러스트의 세계로 진입한 것이다. 당시 그녀는
"날아갈 듯이 기분이 좋았다"면서, "이곳을 발판으로 스킨 일러스트
에 관한 한 최고 1인자가 되겠다"고 다짐을 했다.

　2006년 4월 스킨숍을 열었을 때, 첫 달 매출은 겨우 50만 원 정도
수준이었다. 그러나 다음 달에는 200만 원으로 훌쩍 뛰어올랐고, 그
다음 달부터는 300만 원, 600만 원을 넘겼다. 그해 8월에 이르자 매출
이 1,000만 원을 뛰어넘었다. 그야말로 파죽지세였다. 때로는 한 달에
수천만 원을 벌기도 했다. 월평균 수익은 1,500만 원 선에 달했다. 싸
이월드는 BPBusiness Partner 중 매출 상위 30위 안에 드는 우수 브랜드
숍에게 정산금액의 30~100퍼센트까지 추가로 보너스를 지급하는 인
센티브제도를 운영하고 있는데, 박수란 씨는 상위 5퍼센트 안에 들어

서 거의 매달 100퍼센트의 보너스까지 탄다. 싸이월드 스킨 외에도 잡지 일러스트나 화장품 광고 이미지 등을 그리는 프리랜서 일러스트레이터로도 활동하고 있어서 그녀의 수입은 껑충 늘고 있다.

박수란 씨는 "이렇게 빨리 스킨 일러스트레이터로 자리 잡을 줄 몰랐다"면서, "나 자신이 미니홈피를 사용하는 사용자의 입장에 서서 20대 여성의 감성을 담은 스킨을 그리는 것이 인기의 비결이라고 생각한다"고 말했다.

그녀의 말처럼 스킨 일러스트는 다른 모든 콘텐츠와 마찬가지로 먼저 질이 높아야 한다. 사용자들이 눈이 높아 공감대를 형성하지 못하면 아무리 예쁘게 그린 스킨도 팔리지 않는다. "예쁜 이미지만으로는 부족하고, 특히 주고객층인 여성의 정서적 공감대를 얻는 게 중요하다"고 그녀는 말한다. 가령 우울하고 혼자 있고 싶은 여성을 위해서는 그러한 정서에 맞는 일러스트여야 한다. 또한 멋 내기를 좋아하는 여성을 위해서는 유럽의 명품이나 신비감을 연상시키는 분위기가 중요하다는 것이다. 한번은 얼굴이 반쯤 안 보이는 일러스트를 내놓았는데 폭발적인 반응을 보였다고 한다.

그녀의 주고객층은 10대 후반에서 20대 초반의 여성이라고 한다. 그래서 그녀는 작품을 할 때 대부분 밝고 맑은 분위기로 깨끗하게 표현하려고 노력한다. 이는 젊은층이 우울하고 부정적인 분위기보다는 밝고 적극적인 분위기를 선호하기 때문이다.

박수란 씨의 스킨 일러스트가 인기를 끌자 하루가 다르게 유사 스킨이 생겨났다. 그렇지만 카피한 콘텐츠는 오래가지 못하기 때문에 그녀는 일일이 대응할 생각이 없단다. 그만큼 자신이 있다는 이야기다. 그녀는 "카피를 하면 계속해서 카피를 해야 한다"면서, "차라리 그 시간에 공부를 하고 노력한다면 언젠가는 자신만의 차별화된 일러스트를 만들 수 있을 것"이라고 조언한다.

박수란 씨는 직장에서 독립한 지 몇 달 새 1,000만 원 이상의 수입을 올리는 고소득 1인 기업가가 되었다. 그야말로 청년 구직자들의 부러움을 한 몸에 받고 있는 것이다. 그녀는 "아마도 만화애니메이션에 뛰어들었다면 여전히 월 100만 원 정도의 월급쟁이에 머물고 있을 것"이라면서, "기회가 보인다면 과감하게 도전해 변신을 시도해 볼 필요가 있다"고 말한다.

1인 기업가 박수란 씨는 사무실이 없다. 그가 거처하는 원룸에서 주로 밤에 작업을 한다. 창조성을 요구하는 일이어서 심야에 특히 아이디어가 많이 나온다고 한다. 그녀는 유행을 따르되 자신만의 색깔을 내려고 노력한다. 그녀는 "먼저 기본기가 되어야 차별화된 작품이 나오고, 그 이후에 자기만의 색깔을 낼 수 있다"면서, "하지만 요즘 신인 작가들을 보면 기본기도 없이 먼저 튀려고만 하는 경향이 있어 안타까울 때가 많다"고 말한다.

"가끔 자신의 일러스트가 나무랄 데 없는데 왜 안 팔리는지 도무지 이해할 수 없다고 말하는 이들이 있어요. 혼자서 공부하고 개인기를 다듬는 시간이 절대적으로 필요한데, 너무 성급하게 결과를 얻으려는 거죠. 그럴 경우 흉내는 낼 수 있어도 자신만의 색깔을 낼 수는 없다고 생각합니다."

스킨 일러스트와 패션 일러스트 분야에서 단숨에 강자로 떠오른 박수란 씨의 도전기를 보면, 성공신화는 결코 어렵지 않고 멀리 있지 않다는 것을 알 수 있다. 그녀는 짧은 이력에도 불구하고 기본기와 경험을 충실히 쌓았고, 직장을 나와 프리랜서로 독립했다. 또한 싸이월드와 파트너십으로 계약을 맺어 안정적인 수입을 확보할 수 있었다. 물론 여기에는 자신만의 스킨 일러스트를 선보이는 차별화된 콘텐츠 제공이 주요했음은 두말할 나위가 없다.

박수란 씨의 성공 스토리는 취업이 안 돼 우울하게 젊은 날을 보내고 있는 청년 실업자들에게 용기를 주고 역할모델이 되기에 충분하다. 더욱이 그녀는 학벌의 벽을 뛰어넘어 21세기가 요구하는 디지털 콘텐츠 분야의 전문성으로 세상을 놀라게 하고 있다.

우리 사회도 조만간 학벌이나 '간판'이 더 이상 통하지 않는 날이 올 것이다. 명문대 졸업장만으로 통하던 시대가 있었지만, 최근 몇 년 새 학벌주의는 시대착오적인 구습이 되었다. 독일은 대학에 진학하는 학생보다 직업학교에 진학하는 학생이 훨씬 많다고 한다. 산학협동의 개념을 처음 시작한 독일답게 직업학교는 기업의 마이스터를 배출하는 본산지가 되고 있다는 것이다. 독일에서는 공부에 관심 있는 학생들은 대학에 진학하고 전문 직업인이 되고자 하는 학생들은 직업학교에 진학하는 게 당연시되고 있다.

우리나라는 아직 고질적인 학벌 중시 풍토 때문에 명문대 선호현상이 지속되고 있다. 하지만 4년제 대학을 나와 다시 2년제 대학(전문대)에 진학하는 학생이 늘고 있는 추세다. 그렇게 보면 이미 우리 사회도 '학벌'보다 '능력' 중시 사회로 진입했다고 여겨진다. 박수란 씨의 성공 스토리는 그래서 더욱 의미 있게 다가온다.

스킨 일러스트에 대한 박수란 씨의 조언

✓ 기본기를 다져라. 최소한 1년간 습작기간이 필요하다. 고생했던 시절이 없으면 성공하지 못한다.

✓ 자리를 잡을 때까지 끈기 있게 일하라. 그러지 않으면 대부분 포기하고 다시 취직한다.

✓ 내면의 세계를 쌓아라. 그림만 예쁘게 잘 그리는 게 전부는 아니다.

✓ 트렌드를 잘 읽어라. 유행은 돌고 돌지만 트렌드를 벗어나면 안 된다.

✓ 인맥관리를 잘 해라. 자신에 대한 평가는 다른 사람이 하는 것이다.

✓ 자기 세계를 고집하지 마라. 스킨 일러스트는 전시품을 만드는 게 아니다. 고객의 눈높이에 맞는 작품을 내놓아야 한다.

일, 비전 그리고 멘토링…

현재 나는 집에서 혼자 작업을 합니다. 스킨 일러스트는 요즘 한창 주가를 올리는 일입니다. 인터넷 세상에 옷을 입히는 작업이라고 할까요…. 이런 일이 있는지조차 모르고 살아왔는데, 어느 날 스킨 일러스트가 눈에 확 들어왔습니다. '아! 바로 이거야….' 비로소 물고기가 물을 만난 것처럼 저도 숨을 쉬고 살아갈 수 있는 일을 발견한 것입니다. 솔직하게 말하자면 어떤 일을 해서 먹고살지 막막한 날들을 보내고 있었거든요. 청년 실업자가 넘쳐나는 세상이 잖아요. 저도 그 대열에서 벗어나지 못하면 어떻게 하나, 그런 고민을 안고 있었죠. 참 답답한 인생이었지요…. 내 청춘이 이렇게 식어가면 어떻게 하나 고민하면서 일을 시작했죠. 아르바이트…. 그리고 또 그랬습니다. 삭막한 나날들이었죠. 누구 한 사람 나를 불러주지 않고, 라면을 먹고 싶어도 같이 먹을 사람이 없었습니다. 혼자 라면을 먹을 때의 설움을 아시는지요….
그때 그분이 오셨습니다. 그분은 얼굴만 삐쭉 내밀 뿐 아무 말도 하지 않고 가버렸습니다. "누구세요?"하고 물었지만 대답하지 않았습니다. 더욱 궁금해서 자꾸 그분이 가는 길을 따라 무작정 길을 나섰습니다. 어디까지 가느냐고 물어도 그분은 묵묵히 길을 재촉하기만 했습니다. 다리가 아파오고 갈증은 심해졌죠. 인내심을 발휘해 끝까지 가보자고 다짐해도 마음은 흔들리고 또 흔들렸습니다. '이제 더 이상 갈수 없어… 포기하고 싶어…' 하는 그 순간에 시야가 환하게 밝아왔습니다. 눈부신 신세계가 그곳에 펼쳐져 있었습니다. 그 꽃동산에는 아무도 없었습니다. 오직 나만을 위해 존재하는 꽃마을이었습니다. 내 앞에 펼쳐진 환상의 세계. 지금 내가 꿈을 꾸고 있는 걸까요?
내가 좀 선문답 같은 이야기를 했나 봅니다. 대학을 졸업한 뒤 길을 잃고 헤매고 있던 어느 날, 무작정 패션 일러스트를 흉내 내기 시작했습니다. 그 흉내가 이내 몰입의 단계로 접어들게 했습니다. 딱히 할 일이 없기도 했지만 위기감이 밀려왔기 때문입니다. '이게 아니면 끝이야' 라는 생각이 더욱 몰입하게 만들었습니다. 그게 패션 일러스트였습니다. 그리고 이 일은 나를 스킨 일러스트의 세계로 데려다 주었습니다. 아무것도 모른 채 뛰어들었기에 때로는 너무 괴롭고 답답하고 힘들었습니다. 그렇지만 더 즐거웠습니다. 창조란 그런 것이니까요.

"패션 일러스트레이터를 표방하고 있고, 패션을 전공하셨나요?" 라는 질문도 많이 받지만, 사실 나는 전혀 패셔너블하지 않고 패션에 대해서도 잘 모릅니다. 우연히 길을 알고 뛰어들었고 온몸으로 배웠습니다. 길을 안내해 준 그분은 다름 아닌 나 자신의 열정이었습니다. 생존의 현장에서 느끼는 절박감은 때로 무한한 용기와 도전으로 인도합니다. 그때 기회를 잡을 수 있습니다. 운 좋게도 나는 그 기회를 잡았습니다. 그리고 나는 지금 행복합니다. 물론 집에서 혼자 일하며 느끼는 고립감 같은 게 밀려들기도 하지만, 이제는 라면을 함께 먹을 친구도 많아졌습니다.

취업을 걱정하시는 분들이 많습니다. 그분들에게 나는 길을 찾으면 반드시 '열정' 이라는 그분이 길을 안내해 줄 것이라고 말씀드리고 싶습니다. 바로 내가 그랬으니까요….

박/수/란

브랜드의 진화 대학 졸업 후 할 일이 없어 집에서 패션 일러스트 독학 → 집에서 패션 일러스트 아르바이트 → 패션 일러스트 회사에 취직 → 스킨 일러스트 회사에 취직 → 싸이월드 스킨 선물가게에 운 좋게도 입점 → 싸이월드에 스킨 브랜드숍 '애나케이'에 이어 '제니의 초상' 선보임 → 2006년 싸이월드 최고의 스킨 판매왕.

자본금 열정적인 몽상.

대표적인 생산품 싸이월드 스킨 '애나케이', '제니의 초상'.

인생의 터닝 포인트 패션 일러스트를 독학으로 공부하고 이어 스킨 일러스트를 접하게 된 것.

수입원 포트폴리오 싸이월드 스킨, 패션과 뷰티잡지와 광고 및 출판 일러스트레이션 제작.

1인 기업가로서의 신조 호박마차는 오지 않아. 드레스 자락을 걷어 올리고 뛰어가!

먼저 나 자신을 믿어라

삼성중공업을 떠나 NLP트레이너로 변신한 **박정길**
(NLP전략연구소 소장)

문득 사는 게 지겹다면 다시 길을 떠나자

리처드 파크 코독은 《밀리언 달러 티켓》에서 성공한 사람이 지닌 특별한 능력은 누구나 가지고 있다고 주장한다. 다만 자기 자신을 믿고 열정적으로 성공을 갈구하는 사람만이 성공할 수 있다고 강조한다.

이 책은 저자의 실화를 바탕으로 한다. 저자는 공항에 늦게 도착해 비행기를 놓칠 뻔했는데, 뜻밖에도 좌석이 1등석으로 업그레이드되는 행운을 잡는다. 더구나 옆자리에는 영국의 부호인 버진그룹 창업주 리처드 브랜슨 회장이 앉아 있다. 이 책은 바로 이 '리처드 브랜슨과의 비행기 여행'이라는 실화를 모티브 삼아 백만장자의 성공비결을

30대의 평범한 월급쟁이 톰에게 들려주는 형식으로 구성돼 있다.

브랜슨은 소규모 음반업으로 사업을 시작해 레코드, 항공, 철도, 호텔, 영화관, 콜라, 피임기구, 헬스클럽, 란제리, 결혼용품 대여업 등 350여 계열사를 거느린 재벌이다. 연 매출액 80억 달러 규모다. 하지만 브랜슨의 유년기는 불우했다. 선천성 난독증 탓에 시험에 낙제하기 일쑤였고, 축구를 하다 다리를 다쳐 운동선수의 꿈도 접었다. 열여섯 살에 학업을 포기하고 돈벌이에 나섰다. 그는 실패를 거듭한 끝에 음반 사업에서 크게 성공, 오늘날 버진그룹의 기초를 마련했다.

저자는 브랜슨의 성공비결과 함께 자수성가한 백만장자 50명을 더 만나 그들의 지혜, 습관, 원칙 등 공통점을 8가지로 정리했다. 8가지 지침은 '난 믿는다 I believe' 라는 한 문장으로 압축된다. '난 믿는다' 로 대표될 수 있는 성공원칙을 각각의 알파벳 이니셜을 통해 풀어가고 있다. 여기서 가장 중요한 출발점은 자기 자신에 대한 믿음과 열정이라고 한다. 즉 "샐러리맨은 종업원의 사고방식을 버리고 백만장자의 사고방식을 가질 것, 그리고 열정을 회복하라. 나아가 정말 하고 싶은 것을 하라"고 주문한다. 성공한 사람들의 대명사인 백만장자에게서 공통적으로 발견할 수 있는 사고방식을 이른바 '신경언어 프로그래밍 NLP 원리' 로 분석한 것이다.

신경언어 프로그래밍으로 번역되는 'NLP Neuro – Linguistic Programming' 는 1970년대 중반 리처드 밴들러 Richard Bandler 와 존 그린더 John Grinder 에 의해 창시된 행동모델 기술과 기법이다. 이는 우리가 원하는 결과와 상태를 만들기 위해 두뇌, 언어 그리고 그것을 활용하여 습관처럼 프로그램화하는 데 대한 접근법이라 할 수 있다. 어떻게 하면 탁월한 결과를 만들어 낼 수 있는가에 대한 연구의 결과로 탄생한 것이 NLP이다.

이들은 먼저 성공한 사람들의 행동을 관찰해 인간의 심리체계와 행동원리의 구조를 밝혀냈다. NLP에서 'N'은 시각·청각·후각·미각·촉각의 오감을, 'L'은 생각과 행동을 연결하는 언어를, 'P'는 언어에 의해 유발된 신경반응을 체계화하는 과정을 뜻한다. 즉 사람의 행동은 감각을 통해 뇌에 축적된 경험에 따라 좌우된다는 이론이다. NLP는 무엇보다 성공한 사람과 실패한 사람의 신경 프로그램에 주목한다. 성공한 사람은 매사 긍정적이고 적극적으로 임하도록 훈련된 반면, 실패한 사람은 부정적·소극적 생각이 앞서게 반복 훈련됐다는 것이다. 특히 인간의 의식보다 훨씬 큰 비중을 차지하는 무의식에 관심을 두고 이를 발전적으로 계발하는 방안도 연구한다. 무의식을 끊임없이 자극하고 훈련하면 인간의 행동도 긍정적인 쪽으로 변한다고 주장한다.

NLP는 처음 심리치료의 한 방법으로 출발했으나 지금은 교육, 경영, 영업, 협상, 스포츠 등으로 영역을 확장해 나가고 있다. 부도 직전의 크라이슬러사를 일으켜 세운 아이어코카도 이 기법으로 직원들의 사기를 살려내는 데 성공했다고 알려져 있다. NLP를 활용해 지도하는 트레이닝센터가 전 세계에 250여 곳이나 된다.

NLP는 성공과 변화의 툴이라는 평가를 받고 있다. 그래서 NLP에서는 긍정적인 말의 힘을 중요시한다. 우리나라에서 NLP트레이너로 활동하고 있는 NLP전략연구소 박정길 소장(1968년생)이 《긍정적인 말의 힘》을 번역한 것도 이런 이유에서다. 그는 미국에서 NLP트레이너

교육을 받을 때 이 책에 푹 빠져들었다고 한다. 박 대표는 "NLP의 핵심은 긍정적인 생각은 긍정적인 결과를 낳고, 부정적인 생각은 부정적인 결과를 낳는다로 요약된다"고 강조한다. 즉 가능하다고 믿는 것과 가능하지 않다고 믿는 것은 결과 또한 각각 그렇게 생각하는 방향으로 이끈다는 것이다. NLP에서는 다음과 같은 전제를 한다.

- 누군가 한 일은 나도 할 수 있다Anyone can do anything.
- 필요한 모든 것은 이미 내가 가지고 있다People already have the resources they need.

쉽게 말하자면 누구나 성공할 수 있는 능력을 타고났다는 말이다. 중요한 것은 긍정적으로 생각하는 힘이다. 자신이 성공하겠다고 긍정적인 생각을 하는 사람은 성공할 것이고, 부정적으로 생각하면 성공에 이르기 힘들다는 말이다. 즉 로버트 머튼의 '자기 충족적 예언Self-Fulfilling Prophecy'과도 일맥상통한다. 할 수 있다는 신념을 불어넣으면 자신감이 생기며 더 의욕을 가지고 도전해 성공에 이를 수 있는 것이다.

NLP에서는 자아정체성identity과 하위자아part의 개념으로 사고를 유도한다. 즉 내 안에는 성공으로 이끄는 여러 가지 특성이 이미 존재한다. 한 개인을 두드러지게 대표하는 장점(자기정체성)은 드러나 있지만, 숨겨진 장점(하위자아)은 잘 드러나지 않는다. 이때 숨겨진 장점을 드러내 이미 드러난 장점과 유기적으로 통합시키면 성공에 이르는 완전한 장점으로 탄생하는 것이다.

가령 자신이 철저한 현실주의자라면 현실주의적인 사고 그 자체가 드러난 장점이 될 것이다. 여기에 상상력과 창조적 사고, 비판적 사고 등을 통합한다면 현실주의자에게 부족한 면을 보완할 수 있다. 이렇게 되면 하나의 자아가 완성되고, 성공으로 가는 자아를 형성하는 것이다.

우리나라에는 NLP 전문가들이 다수 활동하고 있으며, 교육 프로그램도 있다. 모두들 대학을 마치고 대기업에서 직장생활을 하다가 자신감 하나만으로 과감하게 사표를 던지고 NLP트레이너의 길을 걷고 있다. 박정길 소장은 몇 년간의 홀로서기 과정을 거쳐 자기계발 전문 프로그램인 NLP의 트레이너로 일하고 있다. 그는 우리나라에서 NLP 프로그램으로 직장인의 자기계발을 코치하는 대표적인 NLP트레이너이다. 일반적으로 1인 기업가들은 직장이나 현장에서 충분할 정도의 전문성을 쌓은 뒤 홀로서기를 결행하는데 박 소장은 그렇지 않았다.

동아대(정외과)를 졸업한 박 소장은 과 동기 중 유일하게 대기업인 삼성에 입사해 서울로 진출했다. 1995년 삼성중공업 홍보팀에서 근무하게 된 그는 처음 생각했던 것과 달리 시간이 갈수록 대기업이라는 직장에 회의가 들었다. 꿈도 점점 잃어갔고 하는 일도 시들해졌다. '이렇게 살아서는 안 된다' 는 생각이 머릿속에서 맴돌 뿐이었다. 부산에서 서울에 올 때는 큰 꿈을 품고 왔는데, 자신은 점점 조직 속의 작은 부품이 되어가면서 매몰되고 있는 느낌이었다. 늘 접대가 많은 게 홍보맨의 일이어서 매일 술을 마셔야 했다. 교회에 다니는 그에게 음주는 늘 죄책감을 동반했다. 그렇다고 종교적 신념을 앞세워 술을 안 마실 수도 없는 노릇이었다.

1999년 초에 그는 한국리더십센터에서 세계적인 베스트셀러 작가이자 자기계발 강사인 스티븐 코비의 내한에 맞춰 이를 홍보할 수 있는 홍보 전문가를 소개해 달라는 부탁을 받았다. 당시만 해도 한국리더십센터는 잘 알려진 조직이 아니어서 삼성과 같은 대기업에서 옮겨가려는 사람이 없었다. 때마침 직장에 회의가 들던 그는 자신이 그 일을 해보고 싶다는 생각을 했다. 그는 주저 없이 사표를 냈다. 그야말로 잃어버렸던 '꿈'을 찾아 누가 봐도 무모한 일을 감행한 것이다. 그러나 자신을 믿었기에 열정은 타올랐다. 나중에 알고 보니 이게 바로 NLP였다. NLP의 주된 내용이 바로 '자신을 믿고 목표를 세워 열정을 되살리면 무엇이든지 할 수 있고 성취할 수 있다'는 것이다.

막차를 앞에 두고 머뭇거리지 말라

대기업인 삼성에서 일하다가 잘 알려지지도 않은 곳으로 옮기자, 박 소장의 부친은 그로부터 2년 동안 그에게 말도 건네지 않았다. 한국리더십센터로 옮긴 박 소장은 신들린 사람처럼 일을 했다. 스티븐 코비의 방한 이벤트를 만들고 대통령 면담을 주선하면서 새로운 기운이 용솟음치는 것을 느낄 수 있었다. '성공하는 10대들의 7가지 습관'이라는 교육 프로그램을 개발하여 운영했고, 프랭클린 플래너 수첩을 국내에 도입해 마케팅을 전담하기도 했다.

프랭클린 플래너는 코비가 운영하는 프랭클린 코비사에서 제작해 판매하고 있다. 코비의 방한에 맞춰 한국리더십센터에서 마케팅에 돌입해 국내에 본격 알려지기 시작했는데, 지금은 성공하는 사람들의 '석세스 플랜 다이어리'로 통한다. 열정을 가지고 일을 하자 신바람이 났고 결과는 하는 일마다 성공적이었다.

박 소장은 스티븐 코비의 방한을 계기로 자기계발 교육 프로그램을 진행하면서 '이 분야야말로 앞으로 유망한 시장이 될 수 있을 것'이라는 확신이 들었다. 그는 2000년 5월에 또 한 번 결행을 했다. 한국리더십센터에서 나와 뜻이 맞는 이들과 컨설팅 일을 새롭게 시작한 것이다. 새로운 도전에는 언제나 시련이 따르기 마련이다. 그 고난의 기간을 견뎌내지 못하면 결코 변신에 성공할 수 없다. 2001년에는 '시스템즈 엔지니어링'이라는 회사를 대우자동차 출신들과 만들어 1년 동안 함께 일했다. 한국리더십센터 청소년 세미나 개최 등을 도우면서 새로운 경험을 축적했다. 당시 8개월 동안 수입이 없었지만, 박 소장은 일 그 자체만으로도 즐거웠다.

이어 그해 가을에 '변화를 이끄는 사람들'이라는 회사를 공동으로 만들어 운영하면서 《네 안에 잠든 거인을 깨워라》의 저자 앤서니 라빈스가 운영하는 자기계발 프로그램을 국내에 보급시켜 큰 반향을 일으켰다. 박 소장은 이때 자기 자신에 대한 믿음과 열정을 되살리고 목표를 세움으로써 변화를 유발하는 'NLP 프로그램'을 운명적으로 알게 되었다.

2002년부터 2004년에 걸쳐 그는 아예 미국 산타크루즈대학에서 운영하는 NLP 전문가과정에 들어가 NLP트레이너 국제공인자격증을 땄다. 마침내 박 소장은 2005년 6월에 'NLP전략연구소'를 세우고 1인 기업가로 나섰다. 그는 《긍정적인 말의 힘》과 《프로세일즈의 길》 등을 번역, 출간하면서 자기계발 분야의 저자로 영역을 확대하고 있다. 박 소장은 2004년에는 《부자가 되려면 부자에게 점심을 사라》의 저자인 일본의 혼다 켄을 초청해 그의 책과 프로그램을 소개하는 이벤트를, 2005년에는 빌 클린턴 미국 전 대통령의 방한 행사를 기획하고 운영했다. 2006년에는 《화성에서 온 남자 금성에서 온 여자》의 저자 존 그레이를 초청해 강연회를 열었다.

박 소장은 현재 NLP를 기반으로 교육과 컨설팅을 하면서 비즈니스맨과 청소년을 위한 프로그램을 계발하고 강의한다. 그는 대기업 홍보맨으로 출발해 자기계발 프로그램의 마케터를 거쳐 여러 번 시행착오를 겪으며 마침내 라이프 코치이자 자기계발 트레이너로 연착륙하는 데 성공했다. 그는 NLP 프로그램을 활용하는 라이프 코치로서 일대일 면담이나 세미나 등을 통해 개개인에게 동기를 부여하고 심리적 혹은 행동적 문제들을 스스로 해결할 수 있도록 돕고 있다.

박 소장은 "라이프 코치는 1990년대 전 세계적으로 유행한 리더십의 한계를 넘어 발전한 직업으로서, 요즘은 일대일 코칭이 트렌드를 이루고 있다"면서, "우리나라와 달리 미국에선 지식인들이 조금만 슬럼프에 빠져도 라이프 코치에게 상담을 받는다"고 말한다.

그가 처음부터 '준비된 1인 기업가'였던 건 아니다. 대기업이라는 안정적인 직장이 오히려 무기력을 안겨주자, 박 소장은 꿈을 찾아 둥지를 뛰쳐나와 외로운 길을 걸어야 했다. 그렇지만 신바람 나는 일, 비전 있는 미래에 자신을 걸었고 지금은 자신의 세대보다 한발 앞서 꿈을 만들어 가고 있다. 그의 꿈은 1인 기업가에 머물지 않고 세계적인 자기계발 프로그램을 운영하는 회사를 만드는 것이라고 한다.

호기 있게 삼성을 박차고 나간 박 소장의 수입은 과연 얼마나 될까? 2005년 가을부터 1인 기업가로 나선 그는 "솔직히 말해서 매월 얼마 정도를 버는지 아직 확인하지 않고 있다"면서, "대기업에 다니는 제 또래 정도 될 것"이라고 말한다. 그는 "다만 돈 씀씀이에 대해서 꼼꼼한 아내가 얼마 전부터는 제가 하는 일을 인정해 준다"는 말로 대신했다. 그가 조급해하지 않는 이유는 자신의 일은 갈수록 더 비전이 있을 것이라고 생각하기 때문이란다.

당장 큰돈도 벌지 못하면서 무엇 때문에 사서 고생하며 삼성을 뛰쳐나갔을까, 의문이 들 것이다. 이에 대해 그는 "1인 기업가로 시작할 때 돈을 버는 데 목적을 두지 않았다"고 강조한다. 돈보다 더 중요한 것이 있다는 것이다. 그는 "우리나라에서도 스티븐 코비와 같은 세계적인 컨설턴트이자 강사를 배출하는 토양을 마련하고 싶다"는 말로 답변을 대신한다. 돈보다 더 의미 있는 사회적 기여를 하고 싶다는 것이다.

그는 "1인 기업가는 자신의 이름으로 비즈니스를 하는데 돈도 아니고 경험도 아닌, 자신이 갖고 있는 비장의 무기로 승부를 하는 것"이라면서, "실패하더라도 한번 도전해 봐야겠다는 결심이 설 때 시작해야 열정적으로 할 수 있다"고 말한다. 또한 "1인 기업가는 자유로움을 주지만 외롭고 힘든 길이기도 하다"면서, "자신이 정말 하고 싶은 일을 하기에 어려운 일도 즐겁게 승화시킬 수 있어야 갈 수 있는 길"이라고 강조한다.

일, 비전 그리고 멘토링…

미국의 경우 NLP트레이너는 책을 집필하고 교육 프로그램을 진행하면서 자신이 하고자 하는 일들을 성취하고 있습니다. 아직 한국에서는 NLP트레이너가 잘 알려져 있지 않습니다. 하지만 한발 앞서 남들이 아직 가지 않은 길을 가고 있는 한 사람으로서 저는 남들이 주지 못하는 특별한 솔루션을 제공하고 있기에 경제적, 의미론적으로 큰 가치가 있는 일이라고 생각합니다. 돈과 관련된 경제적 문제에 현실적인 아내가 얼마 전부터는 제가 하는 일을 인정해 주고 있습니다. 그렇지만 비전을 보고 이 일에 뛰어들었지, 돈을 벌기 위해 이 일에 뛰어든 것은 아닙니다.

1인 기업은 자신의 이름으로 비즈니스를 하는 것이라고 생각합니다. 돈도 아니고 경험도 아닌, 자신이 갖고 있는 비장의 무기로 승부를 해야 합니다. 작은 신호에 민감해야 합니다. 자신이 정말 해야 될 때가 되었을 때, 실패하더라도 한번 도전해 보겠다는 결심이 설 때는 머뭇거리지 마십시오. 다만 1인 기업의 일마저도 경제적으로나 환경적으로 안정이 보장되어야 한다고 생각하는 사람이 있다면, 그분은 좀 더 준비하고 뛰어드셨으면 합니다. 1인 기업은 좋기도 합니다. 그렇지만 외롭고 힘듭니다. 자신이 정말 하고 싶은 일을 하기에 그 외로움과 힘듦을 즐겁게 승화시킬 수 있다고 생각합니다.

1인 기업가는 어쩌면 자기 스스로에게 부여한 일종의 소명의식이 있어야 삶의 활력과 보람을 느끼며 생활할 수 있다고 생각합니다. 돈이 전부라면 재테크에 올인하는 게 더 낫겠지요.

박 / 정 / 길

브랜드의 진화 1995년 삼성중공업 입사, 홍보맨으로 근무 → 1999년에 한국 리더십센터로 옮김 → 미국에서 NLP 전문가 과정 이수 → 마케터와 기획자로 활동 → 2005년 NLP트레이너 솔로 개시, NLP전략연구소 소장.

자본금 시들시들해진 직장생활, 잃어버린 꿈을 되찾으려는 청춘의 의지.

대표적 생산품 라이프 코칭(리더십과 동기부여, 자기계발).

인생의 터닝 포인트 삼성중공업 홍보팀에서 당시 잘 알려지지도 않은 한국 리더십센터의 기획홍보팀으로 직장을 옮기면서.

수입원 포트폴리오 교육 프로그램+강의+컨설팅+인세=대기업에 다니는 친구들의 연봉 수준.

1인 기업가로서의 신조 돈을 벌기 위해 일하지는 말자.

'박정길 브랜드'의 특징 라이프 코치로 활동하며 자기계발 프로그램을 운영.

여러 분야의 전문가들과 네트워크를 구축하라

멀티형 전문가로 활동하는 디지털 문화콘텐츠 전문가 **임정택**
(연세대 독문과 교수)

문화콘텐츠에서 수익모델을 찾아라

우리 사회의 직업환경이 급변하면서 이미 사라진 직업이 속출하는가 하면, 10년 뒤쯤에는 지금 직업의 95퍼센트 정도(주로 사무, 관리직)가 사라질 것이라는 성급한 전망마저 나오고 있다. 나의 전직인 신문기자도 이미 수년 전부터 하향곡선을 그리고 있다. 2006년 12월에 방한한 앨빈 토플러는 언론과의 인터뷰에서 ‘신문의 미래’에 대한 질문에 “개인적으로 관심이 많겠지만, 직업을 바꾸시죠?”라고 농담을 하며 답변을 대신했다. 그는 “신문산업이 어려움을 겪을 것이며, 그렇더라도 최종적으로 살아남을 것”이라고 덧붙였다.

하지만 신문산업은 이미 위기에 처해 있다. '규모의 경제'에 의해 메이저만이 살아남는 시장의 법칙에 따르면 자본의 논리에 밀리는 신문은 점차 설자리가 좁아질 수밖에 없다. 내가 다니던 신문사의 경우도 재벌그룹이 경영에서 손을 뗀 1997년부터 지속적으로 경영 불안에 시달렸으며, 기자들은 수년간 계속된 박봉으로 생활고에 시달리고 있다. 그런 경영 상태로는 미래의 비전을 그려내는 신문 고유의 역할을 하기 어려울 수밖에 없다.

특히 인터넷이 생활 속으로 맹렬하게 파고들면서 포털사이트가 광고 매체의 영역까지 급격하게 잠식하고 있다. 요즘 홍보대행사들은 보도자료를 보내온 기업체들이 인터넷 포털사이트의 뉴스 소개란에 한 줄짜리 기사로 노출되는 것을 가장 원한다. 이전에는 이른바 '조중동(조선일보, 중앙일보, 동아일보)'에 기사가 실리는 것을 최고의 영광으로 생각했다. 홍보대행사는 조중동에 기사가 많이 실리게 하는 것을 최고의 미덕이요 자랑으로 여겼다. 그렇지만 이제는 조중동 등 신문 매체가 아니라 포털사이트로 바뀐 것이다. 앨빈 토플러가 신문의 위기를 말한 것도 급격한 인터넷의 영향력 확대를 염두에 둔 것이라 생각한다.

신문기자뿐 아니라 우리 사회에서 전통적으로 인기를 누려왔던 직업들이 사양길로 접어들거나 영향력이 크게 줄어든 경우가 많다. 가령 초중고 교사들의 위상이 낮아진 것은 어제오늘의 일이 아니다. 대학교수는 지금까지 한국 사회에서 존경과 함께 정년이 보장되는 대표적인 고급 직업으로 통했다. 그렇지만 대학의 급격한 증가와 함께 실용학문의 득세, 이로 인한 학문의 서열화 등으로 대학교수들도 이제는 경쟁을 통한 '살아남기'의 시대로 본격 진입하고 있다. 대학도 시장의 법칙이 적용되고 있는 것이다. 아예 연차가 아니라 얼마만큼 연구 실적을 내고 프로젝트를 따오느냐에 따라 베스트셀러 교수인지 아닌지가 판가름 나게 된 것이다.

그래서 요즘 대학가에서는 마음이 조마조마한 교수가 한두 명이 아니라고 한다. 특히 인기 바닥을 헤매는 인문학 관련 교수들의 한숨소리가 연구실에 가득하다. 인문학 이외에도 학부로 바뀌면서 학생들의 지원 수 급감으로 폐지 위기에 놓인 학과들 역시 예외는 아니다. 또한 서울이나 수도권 대학으로의 편입 등으로 학생 이탈이 심한 지방대 교수들도 마찬가지다. 특히 지방대 교수들은 입시철마다 학생 유치 캠페인에 내몰리는 등 이중 삼중으로 마음고생이 심하다고 한다. 학생을 얼마나 끌어오느냐에 따라 특별수당을 받기도 한다. 이쯤 되면 학문을 가르치는 교수는 부업이고 본업은 영업이라고 해도 과언이 아니다. 그래서 일부 젊은 지방대 교수들은 서울에 있는 대학으로 가기 위해 안간힘을 쓴다.

소통하지 않는 사람은 정체할 수밖에 없다

그래도 대학가 위기의 진원지는 인문학이라고 할 수 있다. 인문학의 위기 시대에 인문학자로서 일찍이 실용노선을 걷고 있는 이가 있다. 어쩌면 실용주의가 이 시대의 시대정신인 만큼, 한발 앞서 자기 자신의 변화를 꾀한 것이다. 외부의 변화에 맞춰 내부의 변화 노력이 뒤따르지 않으면 도태될 수밖에 없기 때문이다.

자기 자신의 변화를 꾀하면서 인문학의 위기를 극복하고 있는 연세대 임정택 교수는 독문학자이지만 오히려 디지털 콘텐츠 전문가이자 영상예술 전문가로 통한다. 영화와 영상 관련 책도 다수 냈다. 인문학자이지만 정보대학원에서 디지털 콘텐츠를 강의할 뿐 아니라, 의대에서도 '의료와 실버문화 콘텐츠'라는 과목을 강의한다. 그는 "앞으로 인간의 수명이 연장되면서 실버문화가 그 어느 때보다 중요해지는 시대를 맞을 것이며, 노인 세대를 겨냥한 '실버 비즈니스'가 최고의 수익모델 가운데 하나가 될 것"이라고 전망한다.

임 교수는 우리나라 대학가에 외부 프로젝트를 수행하는 '문화콘텐츠팀'을 도입한 주역이다. 그가 벌써 8년째 운영하는 일명 '드림팀'은 문화관광부나 정보통신부, 지방자치단체 등에서 내놓은 굵직한 프로젝트를 따내 문화콘텐츠 업계에서는 강자로 통한다. 임 교수 팀이 초석을 놓고 수익모델이 되자 타 대학에서도 경쟁적으로 참여하고 있다. 아울러 관련 학과도 속속 생겨나고 있을 정도다.

독문학을 전공한 임 교수는 우연한 기회에 영상문화 콘텐츠에 관심을 갖게 됐다. 그는 1997년 미국 UCLA에 1년간 연수를 갔을 때 영상문화 콘텐츠에 눈을 떴다. 당시 우리나라는 '문화콘텐츠'라는 말이 생소하던 시절이었는데, 이미 미국에서는 이미지나 영상 매체에 관심이 매우 높았다.

그는 귀국 후 1998년 5월에 '미디어아트연구소'를 만들어 문화콘텐츠 연구개발에 나섰다. 처음에 '사이버연구소'로 이름을 지었다가 특정 학과에 연계되지 않고 통합 학문으로 접근할 수 있도록 '미디어아트연구소’로 출범했다.

우리나라 대학에서는 세계적인 ‘해체’ 시대가 무색할 정도로 학문 분리주의가 고착화해 있다. 일종의 ‘밥그릇’ 싸움이다. 그래서 다른 학과에서 영역을 침범하면 마치 영토를 빼앗긴 것처럼 예민하게 반응하기 일쑤다. 미디어아트연구소의 경우 현재 커뮤니케이션 분야의 교수들이 거의 참여하고 있지 않는 것도 이와 연관되어 있다. 미디어아트라고 하면 전통적으로 신문방송학과에서 주도해야 하는데, 독문학을 전공한 인문학자가 주도하기에 신방과 교수들의 심기가 불편한 것은 뻔한 이치다. 학문이 폐쇄적이기는 이 대학뿐 아니라 다른 대학들도 마찬가지 상황이다.

임 교수가 인문학의 위기 탈출 방편으로 강조하는 것은 인문학과 영상예술의 접목 및 융합이다. 그가 독문학자에 머물지 않고 영역을 확장해 문화콘텐츠 전문가로 변신한 것은 사회와 소통하지 않는 학문은 정체할 수밖에 없다는 위기의식에 따른 것이다.

멀티플레이어형 전문가만이 살아남는다

임 교수는 인문학자로서는 드물게 고액 연봉자로 통한다. 교수 연봉이외에 각종 연구 프로젝트로 짭짤한 부수입을 올리고 있기 때문이다. 그는 디지털 문화콘텐츠 분야의 전문가로 알려지면서 지금까지 40건이 넘는 프로젝트를 수행했다. 한 프로젝트당 3억 원에서 7억 원정도 받는다. 대부분 인문학자들이 자신의 전공 영역에서 정부 등 공공기관이 발주하는 연구 용역 프로젝트를 따서 수행하는 것과 대조적이다. 때로는 "전공인 독문학은 팽개치고 디지털로 장사를 한다"는 등 동료 교수들로부터 야유를 받기도 한다. 물론 대놓고 말하지는 않지만 분위기상 그렇다.

임 교수가 주도하는 문화콘텐츠팀은 '콘셉트가 있는 콘텐츠'를 추구한다. 특히 기존 문화콘텐츠에서 소홀했던 빛과 소리, 향기 등을 최대한 활용한다. '소리가 약이 된다'는 방송 프로그램처럼 자연의 소리가 일상생활에 차지하는 비중은 날로 높아지고 있다.

또한 임 교수는 기존의 문화콘텐츠 장르 가운데 주류에 속하는 영화와 드라마, 게임, 애니메이션, 음반 등에 주력하기보다 비주류 장르에 속하는 소리와 빛, 냄새, 향기, 공간으로 문화콘텐츠의 외연을 확장하고 있다. 그는 "일상생활에서 향유할 수 있는 소스들에서 치유와 오락적인 콘텐츠를 가공해 낸다면 사업성도 충분하다"고 주장한다. 이 분야는 영화 등 메이저 분야에 가려 있지만 머지않아 크게 활성화될 수 있을 것이라는 게 임 교수의 소신이다. 타악기나 자연의 소리는 이미 음악치료로 광범위하게 활용되고 있다. 이를 일상생활 속으로 스며들게 하는 게 임 교수 팀이 해야 할 일인 셈이다.

드림팀이 특히 의학과 건축, 주거환경학, 공간학 등의 전문가 역할을 중시하는 것도 이러한 연유에서다. 이에 대해 임 교수는 복잡해지는 도시생활에서 이들 분야의 역할이 증가하고 있기 때문이라고 설명한다. 그래서 드림팀에는 그동안 문화콘텐츠 분야와 무관했던 의학과 건축학, 지리정보학, 디지털 관련 전문가를 비롯해 영상예술학, 문학, 정보학, 부동산학, 주거환경학, 시각디자인, 미디어아트, 공간학 등의 전문가들이 총 망라돼 있다. 그 중심에 인문학이 있다. 프로젝트의 성격에 맞춰 기능주의적 접근을 하고, 여기에 걸맞게 인문학적 콘셉트를 제시하면서 각 분야 전문가들이 작업을 진행한다. 프로젝트마다 적게는 10여 명에서 많게는 30여 명이 참여한다.

드림팀에는 연세대에서 전우택(의대, 정신과) · 민선주(건축학) · 김유철(사학) · 이정우(정보시스템) · 조주관(노문학) · 이현수(주거환경) · 홍석일(디자인) 교수와, 이온곤(예술학) 단국대 교수를 비롯해 배윤호(공간문화) 홍익대 겸임교수 등이 멤버로 참여하고 있다.

현장 전문가로는 송규봉 오픈메이트 CEO(부동산마케팅), 영화감독 황철민 세종대 교수, 이하나 MK픽쳐스 프로듀서, 허정아 미디어아트 연구소 연구실장, 사운드 디자이너 이석민 씨, 김해민 작가 등이 포진해 있다. 프로젝트마다 팀이 구성되고 끝나면 해체되는 식이다. 이들은 각 분야에서 전문가로 활동하는 1인 기업가들인 셈이다.

이들은 서로 인적 네트워킹을 하면서 시너지를 높여나가고 있다. 전문가 집단일수록 네트워크가 중요하다는 사실을 다시 한 번 확인할 수 있다. 이는 서로 다른 분야를 상호 교류하게 함으로써 개별적으로 존재하는 것이 아니라 전체적으로 서로 얽혀 있음을 드러내는 것이다. 물론 이와 같이 상호 교류를 통해 서로 수익을 높여주는 게 중요함은 두말할 나위가 없다.

임 교수 팀이 맡은 첫 작품은 정보통신부가 발주한 멀티미디어 춘향전 프로젝트였다. 2002년에는 백남준 국제심포지엄을, 2004년에는 신촌아트페스티벌 프로젝트를 맡았다(발족이 미뤄지고 있음). 또한 2005년 9월에 열린 부산 광복동 시범 가로사업 국제공모전에서 임 교수

팀의 민선주 교수 작품인 〈My Street, Our Street〉가 2등(1등과 협력 작업)으로 선발되었다. '광복동의 봄봄봄'이라는 콘셉트로 죽어가는 구시가지를 새롭게 리모델링하는 데 초점을 두었다.

동해안 관광벨트 조성 사업도 삶과 연계한 이미지 메이킹에 주안점을 두고 '이야기가 있는 동해안 관광'으로 접근했다고 한다. 동해안을 찾는 관광객들은 휴가철을 제외하고는 대부분 미래에 대한 비전이나 희망을 찾기 위해, 또는 삶을 성찰하기 위한 목적인 경우가 많다. 역사학자와 건축가, 인문학자들이 참여해 연구 프로젝트를 수행하게 된 것도 그러한 이유에서다.

임 교수는 "인문학자들이 소통을 말하면서도 고답적인 연구와 교육에 안주하는 경우가 많다"면서, "인문학이 법학·의학·경영학 등 실용학문과 적극적으로 융합하면서 스스로의 존재 가치를 찾아야 한다"고 말한다.

임 교수는 디지털 시대를 선도하는 문화콘텐츠 전문가로서 인문학자로는 드물게 멀티형 전문가로 활동하고 있다. 그의 도전은 인문학의 위기를 돌파할 수 있는 실용적인 지침을 제공해 주기에 충분하다. 이는 급변하는 지식정보사회를 살아가는 교수들도 인접 학문이나 연계 학문을 연구하지 않고 한 분야의 전문가만으로는 더 이상 설 땅이 없음을 시사하는 것이 아닐까.

임정택 교수가 조언하는 문화콘텐츠 전문가의 조건

✓ 무엇보다 인문학적 콘셉트를 중시하라.

✓ 영화 등 주류 분야보다 냄새 등 비주류 분야를 공략하라.

✓ 감동적인 이야기가 있는 콘텐츠를 만들어라.

✓ 건축과 의사 등 전문가 집단과 인적 네트워크를 쌓아라.

✓ 미래형 수익모델은 실버 비즈니스에서 찾아라.

일, 비전 그리고 멘토링…

문화콘텐츠는 이야기와 상상력을 필요로 하는 비즈니스 현실에서 가장 중요한 분야입니다. 인문학을 전공한 학생도 정보와 콘텐츠 분야를 반드시 공부해 자신을 업그레이드할 필요가 있습니다. 저는 인문학과 사회과학 전공자들은 반드시 문화콘텐츠 관련 과목을 전공하거나 연계해서 공부해야 한다고 생각합니다. 롤프 옌센의 《드림 소사이어티》에서, 미래 사회는 정보가 아니라 이야기와 상상력이 부의 원천이라고 강조합니다. 정보와 콘텐츠가 파괴력을 지니려면 인문학적 상상력이 필수적입니다.

《드림 소사이어티》에 따르면 앞으로 세계는 인문학 전공자가 지배한다는 거죠. 단 조건이 있습니다. 상상력이 풍부한 인문학자는 정보와 콘텐츠에 관한 전문가가 되든지 네트워크를 구축해야 하고, 반면 정보와 콘텐츠 전문가는 인문학 전문가가 되든지 이들과 네트워크를 상시 가동할 수 있어야 합니다. 파트너십과 네트워크가 강조되는 것은 바로 이 때문이죠.

인문학의 위기는 자신만의 분야에 갇혀 있는 데서 그 원인이 있다고 생각합니다. 경영에서처럼 인문학도 이제는 다방면의 전문가들과 네트워크와 파트너십을 구축할 때 상승효과와 부가가치를 높일 수 있습니다. 인문학자도 이제는 교수 자리를 과감하게 벗어던질 수 있을 정도로 경쟁력을 갖추어야 한다고 생각합니다. 이를 위해서는 자신의 전문 분야에 대한 연구와 함께 관련 학문과의 융합이 중요합니다. 학생들의 경우 이미 오래전부터 이런 방식으로 살아남기에 성공하고 있습니다. 가령 독문학을 공부하고서도 신문기자나 경영 컨설턴트, 은행원, 펀드매니저, IT전문가 등 수많은 영역에서 전문가로 활동하고 있지 않습니까? 단 인문학자로서의 정체성은 절대 잃어서는 안 되겠죠. 그것만 유지한다면 두려울 게 없다고 생각합니다.

임 / 정 / 택

브랜드의 진화 연세대 독문학과 교수, 미디어아트연구소 소장(장기집권 중. 그를 필적할 전문가가 없기 때문). 독문학 교수가 신방과 교수들의 영역이라고 할 수 있는 미디어아트연구소를 만들고, 그 소장직을 장기집권하는 것은 일종의 '학문적 쿠데타' 라고 할 수 있지 않을까?

대표적 생산품 독문학+영상문화 콘텐츠 강연 및 공공기관 연구 프로젝트.

인생의 터닝 포인트 98년 미국 UCLA 연수 때 문화콘텐츠의 미래를 예감하고 귀국 후 문화콘텐츠 관련 연구소를 세우면서.

수입원 포트폴리오 부수입이 연세대 교수 연봉보다 더 많을지도.

'임정택 브랜드' 의 특징 다방면의 전문가들과 네트워크를 통한 창조적 작업. 이제는 한 분야의 전문가가 작품을 완성해 내는 시대는 지났다. 문화콘텐츠는 의학과 건축, 디자인, 역사, 예술, 공학, 경영 등 모든 학문과의 융합을 통해 양산될 때 부가가치를 가장 높일 수 있다. 임 교수는 다양한 문화콘텐츠 분야 가운데 소리와 냄새, 향기, 빛, 공간 등 틈새 분야에 승부를 걸고 있다. 누구나 다 하는 영화와 영상에만 매달려서는 성공할 수 없다. 그는 문화콘텐츠의 외연을 확대해 새로운 틈새 비즈니스 모델로 승부를 내고 있다.

먼저 직장 내에서
전문가가 돼라

직장 내에서 1인 기업가로 일하고 있는
하승범(SC제일은행 팀장) & **이용**(LG화학 차장)

주5일 근무 시대, '사내 전문가'를 노려라

요즘 주5일 근무를 시행하는 직장이 많아짐에 따라 직장에 다니면서 전문강사로 활동하는 직장인이 늘고 있다. 이는 직장인들이 주5일 근무를 하기 때문에 가능해진 일이기도 하지만, 우리나라 기업들이 점차 이러한 추세에 맞춰 열린 기업문화를 지향하고 있는 것으로 풀이된다.

1인 기업가는 대부분 다년간 직장을 거쳐 경력을 쌓거나 사업을 하면서 익힌 노하우가 있어야 가능하다. 반면 직장에 다니면서 자신의 전문성을 드러내는 '사내 전문가'들은 자신이 맡고 있는 업무와의 접

점을 잘 찾으면 안정적으로 회사생활을 하면서도 전문가로 인정받을
수 있다. 사실 요즘처럼 상시 구조조정의 시대에 경영진이나 상사의
눈치를 보지 않고 조직생활을 하기란 여간 어려운 일이 아니다. 하지
만 사내 전문가로 활동할 경우 직장생활을 주도적으로 할 수 있는 비
장의 무기를 가지는 셈이다. 자신만의 전문성을 가지고 있는 사내 전
문가들은 여건이 확보되면 언제라도 직장을 떠나 홀로서기를 할 수
있는 '잠재적 1인 기업가'라고 할 수 있을 것이다.

하승범 씨(SC제일은행 텔레세일팀 팀장, 1962년생)와 이용 씨(LG화학 차
장, 1970년생)는 직장에 다니면서 전문강사로 자신을 새롭게 포지셔닝
하고 있다. 독서광인 이들은 백기락 크레벤 대표의 패턴리딩 강사 수
업을 받았으며, 이후 크레벤의 패턴리딩 강사와 자신이 다니고 있는
회사에서 독서경영 강사로 변신했다. 조직에서 살아남기 위해 지속적
으로 자기계발을 하고 그 방편으로 책을 택한 것인데, 그들은 패턴리
딩 강좌를 듣고 나서 독서경영 강사로 변신에 성공했다. 이는 요즘의
독서경영 추세를 그냥 소극적으로 대응하지 않은 결과이다. 독서가
직장일의 연장이라는 수동적인 인식에서 벗어나 자기계발을 위해 능
동적으로 활용한 것이다.

하승범 팀장은 상고를 나와 은행에 들어간 지 9년 만에 야간대학에
들어가 못다 한 공부를 계속했다. 대학을 마친 뒤에는 대학원에도 진
학했다. 회사에 눈치가 보여 시험 당일 휴가를 냈다. 은행에 다니면서
그는 언제나 공부하는 자세를 잃지 않았다. 국민은행에서 시행하는
대학(원)생 현상 논문에 도전해 동상을 받기도 했다.

하 팀장은 늦깎이 대학생이 되어 공부를 하면서도 직장일에 결코

소홀하지 않았다. 혹시 공부 때문에 직무를 등한시한다는 소리를 들을까 봐 오히려 더 열심히 일했다. 1주일 동안 집에 못 들어갈 정도로 일을 하다 과로로 급성간염을 앓기도 했다. 병원에 입원을 했는데 회사에서는 산재 처리가 안 된다고 했다. 병원비를 지원해 주지도 않았으며, 입원해 있는 동안 연월차 휴가를 사용하라고 했다. 그때 회사에 너무 섭섭한 마음이 들었다. '나 자신을 스스로 챙기지 않으면 아무도 날 챙겨주지 않는다'는 생각이 들면서 하 팀장은 자신의 건강뿐 아니라 자기계발에 나서야 한다고 결심했다.

그렇지만 일복이 많아서인지 하는 일마다 집에 들어가지 못하는 날이 많을 정도였다. 영업팀장으로 있다가 외환위기 때 여신총괄부로 옮겼는데, 하필 진로 계열을 맡았다. 부도방지협약과 화의절차에 들어가 격무의 연속이었다. 진로에 이어 나산, 화승, 극동, 신호제지 등 줄줄이 워크아웃 기업들만 맡았다. 뉴브릿지캐피탈에서 홍콩상하이은행으로 매각될 때 그는 은행 최초로 업무 매뉴얼을 만들었다. 제일은행이 뉴브릿지캐피털에 매각되고 다시 스탠다드차터드에 팔리는 과정에서 그뿐 아니라 그의 동료들은 상당한 심적 고통을 겪어야만 했다. 이런 과정을 겪으면서 그는 자기계발에 더욱 적극적으로 나섰다. 불안정한 회사의 앞날이 그에게 자기계발의 계기를 제공해 준 셈이다.

또한 외환위기 때 구조조정 과정과 은행원이던 부인이 직장을 그만두는 광경을 지켜보았기 때문이다. 그때 하 팀장은 자신도 언젠가 추풍낙엽과 같은 신세로 전락할 수 있겠다는 생각이 들었다. 그때부터 그는 각종 리더십 교육이나 독서 강좌에 고액의 수강료를 내고 다녔다.

하 팀장은 2002년 처음으로 한국리더십센터가 운영하는 자기계발 프로그램에 참가해 연수를 받았다. 이 교육을 받기 위해 회사에, 휴가를 냈다. 이어 '윌리엄 석세스 트레이닝'에서 교육을 받는 등, 이때부터 연간 1,000만 원을 투자해 자기계발 교육을 받기 시작했다. 1,000만 원 투자는 그의 연봉으로서는 큰 액수가 아닐 수 없다. 그는 고액을 투자해 교육을 받는 이유에 대해 "돈을 투자해야 그만큼 열심히 자기계발에 나설 수 있다"고 말한다. 즉 '본전' 생각이 들어서 억지로라도 열심히 하지 않을 수 없다는 것이다.

하 팀장은 자기계발 교육을 받을 때 한 가지 원칙을 세웠다. 반드시 '부부 공동'으로 참가한다는 원칙이 바로 그것이다. 처음에 거액을 들여 자기계발 프로그램에 연수를 신청하자 아내는 "회사에서 시키지도 않는데 굳이 그런 큰돈을 들여 꼭 교육을 받아야 하느냐"면서 화를 냈다고 한다. 그래서 그가 생각해 낸 것이 아내도 함께 교육을 받게 하는 것이었다. 아내와 상의를 하지 않고 교육 참가를 신청했는데, 아내 역시 '돈이 아까워서'라도 교육을 열심히 받지 않을 수 없었다. 지금은 부부가 함께 교육받는 것이 원칙이 되었다. 그는 "아내는 현재 전업주부지만 자기계발 교육을 통해 자신을 더 가꾸고 세상 보는 안목을 키울 수 있어 아주 적극적으로 참가한다"고 말한다.

그러자 이번에는 아이들(1남 1녀)도 교육을 받겠다고 나섰다. 아들은 중1 때부터 '청소년 리더십 스쿨' 등에서 교육을 받았는데, 3년이 지난 지금은 웬만한 리더십 교육은 다 받았을 정도다. 조기 리더십 교육은 교육적인 효과도 크다고 한다. 하 팀장은 "아이가 리더십 교육을 받아서인지 자신이 할 일을 알아서 하기 때문에 굳이 잔소리를 할 필요가 없다”고 말한다. 또한 성적도 항상 상위권을 유지하고 있다. 한번은 아들 녀석이 비행기표만 끊어주면 나머지는 자기가 알아서 할 테니 미국으로 유학을 보내 달라며 중대 발표를 했단다. 리더십 교육이 아이에게 이 정도로 자신감과 독립심을 키워준 것이다.

전 가족이 자기계발과 리더십 교육을 받으면서 하 팀장 가족은 매년 여름방학 때면 지리산 등반에 나선다. 벌써 5번째 다녀왔다. 지난 여름방학 때는 딸아이가 산장에서 자는 것은 재미없다면서 텐트를 치고 야영하자고 제안했다. 이렇게 2박 3일을 다녀오면 아이들은 부쩍 자라게 된다고 말한다.

하 팀장은 패턴리딩 강사 교육을 이수한 뒤 현재 독서경영 강사로 사내외에서 활동하고 있다. 그는 크레벤에서 운영하는 패턴리딩 독서 프로그램을 이수하면서 또 하나의 기회를 얻은 것이다. 그는 최근 1,000권의 책을 읽은 데 이어 1만 권 읽기에 도전하고 있다. 그가 1만 권 읽기를 목표로 세운 이유는 은행 고객들 중 진짜 성공한 사람들을 만나보면 보통사람보다 훨씬 예의바르고 지적이라는 데 자극을 받았기 때문이라고 한다. 한번은 200억 원대의 자산가를 만났는데 그에게 성공 비결을 물었더니 다음과 같이 답했다.

“저는 지금까지 30년간 한 달에 20권의 책을 읽었습니다. 독서의 양에 따라 인생의 깊이가 바뀝니다.”

당시 하 팀장은 한 달에 5권 정도 읽고 있었는데, 이 말을 듣고는 큰 충격을 받아 이때부터 독서량을 늘려가기 시작했다고 한다. 아빠가 책을 읽자 아이들도 덩달아 책을 열심히 읽기 시작했다. 저자 강연회가 있으면 온 가족이 참석해 들었다. 요즘은 아빠가 가지 않더라도 아이들이 스스로 찾아가 강의를 듣고 저자의 사인도 받아온다.

대부분 직장인은 자기 혼자 자기계발에 나서는데, 영어학원이나 교육 프로그램에 참가하다 보면 가족을 등한시하기 십상이다. 가족을 위해 자기계발에 나섰다가 공부하고 교육받기에 바빠 오히려 가족간 불화의 원인이 되기도 한다. 하 팀장은 온 가족이 자기계발에 나서면서 더 화합하고 독서하는 가족으로 변모했다고 말한다. 부부화합과 자녀교육이 저절로 이루어진 것이다.

그는 현재 인터넷 네이버에 '윌리엄을 사랑하는 사람들' 이라는 카페를 운영하며 자기계발 전도사로 활동하고 있다. 그의 카페에는 꿈이 있다.

자기계발로 얻은 지식과 업무를 접목하라

직장에서 하는 일과 자기계발을 통해 얻은 전문적 지식을 접목할 수 있다면 이보다 더 행복한 직장인은 없을 것이다. 대부분의 직장은 조직의 목표가 우선이어서 개인의 자기계발과 적성에 따른 업무 배치에는 인색한 편이다. 조직을 위해서라면 개인의 작은 이익은 희생될 수밖에 없다. 그런데 자기계발로 얻은 지식을 업무에 연계할 수 있다면 회사뿐 아니라 자신에게도 이익이 되는 이른바 '윈-윈' 이 될 수 있다.

LG화학의 이용 차장은 주5일 근무에 따라 주말을 이용해 수강한 독서경영을 회사 업무에 접목했다. 나아가 그는 사내에서뿐 아니라 사외에서도 독서경영 강사로 활동하고 있다.

대학에서 영문학을 전공한 이 차장은 영화와 공연에 관심이 많았다. 직장에 다니면서도 마음 한구석에는 공연 기획과 관련된 일을 해보고 싶었다. 한겨레문화센터 등에서 '스토리텔링'이나 '인터넷 사이트 기획'을 수강하기도 하면서 직장에서 맛볼 수 없는 개인적인 욕구를 채우기도 했다. 함께 교육받는 사람들과 이야기를 나누다 보면 그들 역시 자신과 같은 고민을 한다는 걸 알고 위안을 삼는 한편 자극을 받았다. 그는 이런저런 고민을 가슴에 안고 자주 서점을 찾았다. 그때마다 마음이 앞서서인지 한꺼번에 10권 이상 책을 샀다. 집에 와서는 회사일로 바빠 늘 다 보지 못하고 쌓아두기 일쑤였다. 그래도 마음은 넉넉했다.

그러다 크레벤의 '패턴리딩' 강의를 들으면서 인생의 터닝 포인트를 맞았다. 강사과정에 이어 워크숍에 세 번이나 참가할 정도로 열심이었다. 때마침 회사에서 교육기획과 관련된 일을 하게 되어 강사를 섭외하면서 그는 '나도 강사를 할 수 있겠구나' 하는 생각이 들었다.

이 차장은 자기계발에 열중하면서 회사 업무의 혁신에도 자신의 의견을 적극 반영할 수 있었다. 그는 상사인 사업부장에게 창의력과 열린 조직문화를 위해 멘토링제도를 도입할 것을 건의했다. 사업부장은 이를 받아들이는 한편 사무실을 직원들에게 개방해 자신이 가지고 있는 수많은 책을 볼 수 있게 했다. 멘토링제도를 패턴리딩에도 접목해 패턴리딩 강의를 들은 후 강사를 독서코칭의 멘토로 세웠다.

이 차장은 "아무리 좋은 혁신적인 안건도 상사가 적극 뒷받침해 주지 않으면 아무 의미가 없다"면서, "회사에 다니면서 자기계발에 적극 나설 수 있었던 것은 LG그룹 특유의 열린 기업문화가 한몫한 것

같다"고 말한다. 그는 LG그룹 온라인 사이트에 '맛있는 독서' 라는 클럽을 운영하면서 자기계발에 대한 관심 사항을 직장 동료들과 공유하는 데 앞장서고 있다.

요즘 직장인들 사이에서는 자기계발을 위해 일종의 '비용' 으로 '선先투자' 를 해야 한다는 사고방식이 일반화하고 있다. 선투자 개념으로 접근하면 투자 후에는 반드시 그 비용을 회수하려는 목적의식이 생기게 마련이다. 하 팀장과 이 차장은 사내에서 독서경영 강사로 활동하면서 자기계발에 투자한 비용을 회수하고 있는 셈이다. 달리 말하자면 회사에서 돈을 받아가면서 자기계발을 하고 있는 것이다. 이는 LG화학이나 SC제일은행이 그만큼 열린 기업문화를 가지고 있기 때문일 것이다. 자기계발에 열심인 직장인의 재능을 살려 이를 활용하는 기업은 그리 흔하지 않다.

한편 이들은 공통적으로 직장인이 자기계발에 나서기 전에 반드시 해야 할 일이 있다고 말하는데, 그것은 바로 '아내가 요구하는 것은 즉시 해주어야 한다' 는 것이다. 자기계발도 가정이 화목하지 않으면 아무런 의미가 없는 일이 되기 때문이다.

꿈을 찾아 높이 비행하자

대부분의 갈매기는 그저 나는 일, 말하자면 바닷가에서 날아올라 먹이를 구해가지고 되돌아오는 일 이상의 것은 배우려고 하지를 않았습니다. 그 새들에게는 먹는 것이 나는 것보다 더 중요했으니까요. 하지만 조나단의 관심은 먹는 데 있는 게 아니라 나는 데 있었습니다. 그리고 무엇보다도 조나단은 날기를 좋아했습니다. 조나단은 자기가 다른 갈매기들과 친하게 지낼 수 없는 것이 그런 생각 때문이라는 것을 알고 있었습니다.

리처드 바크의 《갈매기의 꿈Jonathan Livingston Seagulls》에 나오는 이야기이다. 이 책에 나오는 갈매기 조나단 리빙스턴은 먹이만을 찾아 여기저기 기웃거리는 여느 갈매기와는 다르다. '날고 싶다'는 꿈을 가진 갈매기이다. 조나단은 더 높이, 더 자유롭게, 더 아름답게 날기 위해 노력한다. 조나단은 열심히 연습한 끝에 공중제비, 저속 횡전, 방위점 횡전, 거꾸로 빙글빙글 돌면서 떨어지기, 급선회해서 날기, 바람개비처럼 맴돌기 같은 기술들을 익혔다. 그런데 조나단이 비행을 마치고 땅에 내려앉았을 때, 우두머리 갈매기는 조나단이 무리의 위엄과 전통을 거역하는 행동을 했다며 추방했다. 그 뒤로 조나단은 외톨이가 되어 혼자 비행 연습을 하며 살아갔다.

그러던 어느 날, 두 마리의 갈매기가 조나단을 찾아와 천상의 세계(하늘나라)로 데려갔다. 조나단은 천상의 세계에 있다가 지상의 세계가 그리워져 다시 지상의 세계로 내려간다. 그리고 플레처 린드라는 갈매기를 만나 그를 제자로 삼는다. 조나단은 플레처 린드에게 비행 방법을 가르쳐 주고 허공 속으로 사라지면서, "나는 단지 날기를 좋아하는 평범한 갈매기였다"는 말을 남긴다. 스승에게 비행 방법을 배운 플레처는 조나단이 그랬던 것처럼 끝없는 배움의 경주를 시작한다.

갈매기 조나단의 이야기는 우리의 인생에서 꿈과 이상이 얼마나 소중한지를 깨닫게 한다. 조나단의 이야기는 사회인으로 살아가는 우리의 자화상이라고 할 수 있다. 저자는 단순히 갈매기의 이야기를 하고자 한 게 아니다. 갈매기의 이야기를 빌어 꿈의 중요성을 말하려는 것이다. 즉 인간은 먹기 위해 사는 게 아님을 강조하려는 것이다. 단지 먹고살기 위해 인간이 존재한다면 동물과 다를 게 뭐란 말인가. 인간이 이성과 감성을 가진 만물의 영장이라는 말은 동물과 다른 무엇인가가 있다는 의미인데, 그것은 바로 꿈과 목표 그리고 이를 달성하려는 노력과 열정이라고 할 수 있다. 누군가 앞장서 선구자적인 길을 가면 뒤에 오는 사람들에게 모범이 된다. 멘토가 되는 것이다.

조나단은 단순히 먹기 위해 나는 게 아니고 더 먼 세상을 보기 위해 난다. 갈매기의 한계를 뛰어넘고 더 높이 날기 위해 조나단은 온갖 노력을 마다하지 않는다. 그러나 조나단을 기다리고 있는 것은 추방령이다. 회사에서도 마찬가지다. 때로 더 노력한다는 것만으로도, 목표를 갖고 더 열정적으로 산다는 이유만으로 동료들로부터 시기와 질시를 받는다. 다 같이 평범하게 살면 될 일이지 왜 튀냐는 것이다. 동료에게 피해를 준다며 비난하기까지 한다. 때로는 자기계발을 위해 퇴근 후 학원을 다니거나 대학원에 다녀도 이런저런 견제를 한다. 이른바 기업이 삼류 조직일수록 더욱 심하다. 다른 사람이 앞서가는 꼴을 용납하지 못한다.

내가 아는 후배는 대학원 박사과정에 다니다 같은 부서 동료들에게 밉보여 낭패를 본 적이 있다. 학기가 절반 정도 지났을 때 같은 부서 동료들이 '근무시간에 일은 하지 않고 책을 읽거나 자리를 비우기도 한다' 며 부장에게 고자질한 것이다. 결국 그 후배는 휴학을 했다. 한 학기 등록금 일부를 손해본 것은 물론이다.

조나단은 결국 동료 갈매기들로부터 '떠나라'는 최후통보를 받는 처지가 되었지만, 이때 구원자가 나타났고 나중에 제자까지 두면서 극적으로 회생한다. 이는 자기계발을 하다 이것이 빌미가 되어 회사에서 쫓겨날지라도 나중에 성공신화의 주인공이 될 수 있다는 데 비유할 수 있다. 즉 자기계발을 한 결과, 다니던 회사보다 더 좋은 기업으로 스카우트되거나 전직에 성공하는 것과 같은 이치라 하겠다. 조나단은 제자에게 자신의 노하우를 전수해 준 뒤 허공 속으로 사라져 간다. 이는 부단한 노력으로 성공신화를 이룬 한 인간의 성장사와 다를 바 없는 감동적인 교훈을 준다.

이제부터 꿈을 찾아 비행하는 조나단이 되어보자! 처음에는 작은 날갯짓으로 시작하지만, 매일 반복하다 보면 어느덧 누구도 흉내 낼 수 없는 비법을 지닌 단계에 올라 있을 것이다. 직장인들에게 성공의 사다리는 이렇게 만들어지는 게 아닐까….

일, 비전 그리고 멘토링…

하 / 승 / 범

요즘 독서를 하지 않는 직장인은 그야말로 '간 큰 사람'이라고 할 수 있지 않을까요? 급변하는 지식정보사회에서 지식은 불변의 진리가 아닙니다. 앨빈 토플러가 말한 대로 어제의 지식이 오늘은 쓰레기가 될 수 있기 때문이죠. 쓰레기 같은 지식과 유용한 지식을 가려낼 줄 알아야 합니다. 쓰레기 같은 정보와 지식을 폐기하고 새로운 지식과 정보로 무장할 수 있도록 하는 게 바로 책입니다. 독서는 자기계발뿐 아니라 업무에 그대로 적용할 수 있는 보약이라고 생각합니다.

독서를 생활화하면서 어디에 있든 '1인 경영자'의 마인드로 일한다는 자세가 중요합니다. 회사에 다니면서도 늘 수동적으로 일하다 보면 그게 꿈을 앗아가고 삶의 열정을 사라지게 만드는 거죠. 회사 업무와 자신의 취미나 열정을 결부시킨다면 또 다른 회사생활이 가능하지 않을까요. 회사를 떠나지 않고서도 능히 1인 기업가가 될 수 있는 것입니다. 회사 내에서 1인 기업가 혹은 1인 경영자로 노하우와 경험을 축적한다면 꿩 먹고 알 먹기 아닌가요. 회사 월급을 받으면서 자기계발이 얼마든지 가능합니다.

한 가지 덧붙이자면 직장인들이 자기계발을 할 때 흔히 가족을 소홀히 하는 경우가 있습니다. 저는 자기계발을 하면서 아내와 아이들도 함께 동참하게 했습니다. 특히 아이들은 리더십 교육을 통해 스스로 공부하고 인생의 목표를 세우면서 또래 아이들보다 훨씬 성숙한 아이로 자라고 있습니다. 가족 모두 자기계발에 적극적으로 나선다면 가족 간 화합에도 더없이 좋은 결과를 얻을 수 있습니다. 이는 제가 보증합니다.

일, 비전 그리고 멘토링…

이/용

인생의 목표를 책 1만 권 읽기로 정해보세요. 1만 권의 독서가 아니면 1만 권의 책을 소장하겠다는 목표도 좋습니다. 책은 읽는 것도 좋지만 소장하는 것만으로도 가치가 있으니까요. 누구든 책을 1만 권 정도 읽는다면 그 어떤 난관도 이겨낼 수 있는 지혜를 얻을 수 있다고 생각합니다. 1만 권의 책이 있는 집이라면 큰인물이 반드시 나올 것입니다. 지금부터 시작해도 늦지 않습니다!

하/승/범/&/이/용

브랜드의 진화 SC제일은행 차장(하승범), LG화학 차장(이용). 모두 직장 내에서 독서경영 전문가로 활동.

대표적 생산품 사내외 독서경영 강의.

인생의 터닝 포인트 구조조정의 상시화로 인한 불안감이 자극제. '생존을 위한 독서'의 필요성을 절감했으며, 이제는 어디에 있어도 살아갈 수 있다는 자신감을 얻은 게 가장 큰 수확. 바로 독서가 자신감의 원천이다.

꿈이 있는 한 누구나
최고의 프로가 될 수 있다

마이너리티의 설움을 딛고 투자콘텐츠 전문가로 성공한 **이상건**
(미래에셋투자연구소 부소장)

마이너리그형 전문가들이 뜬다

한 분야의 성공신화는 메이저리그보다 마이너리그에서 나오는 경우
가 많다. 즉 세상을 깜짝 놀라게 하는 전문가는 특정 분야에서 정통
코스를 밟은 전문가보다 다른 분야에서 일하는 전문가에게서 더 많이
나온다는 것이다. 다른 분야에서 일하던 사람이 특정 분야의 전문가
가 되기까지는 남다른 열정과 눈물 젖은 빵의 추억이 있기 때문이다.
그래서 특정 분야의 전문가들보다 오히려 '내공'이 탄탄하다.

　가령 《시골의사의 부자 경제학》을 쓴 박경철 씨는 안동에서 병원을
운영하는 의사이다. 박경철 씨는 여느 경제학자들보다 더 설득력 있

고 명쾌하게 재테크를 비롯한 경제상식과 투자기법을 들려준다. 경제학 박사의 경우 딱딱하게 이론적으로 접근하기 십상이지만, 박경철 씨는 풍부한 경험으로 축적된 자신만의 노하우와 열정으로 경제학 박사들이 들려주지 못하는 이야기들을 들려준다. 이러한 마이너리그형 전문가들은 이전에도 우리 사회에서 수많은 성공신화를 만들어 냈다.

신분제 사회에서 이들 마이너리티들은 자신을 스스로 파괴하고 굴욕을 감내하면서 새로운 도전에 나섰다. 《조선의 프로페셔널》에서 저자인 안대회는 "남들이 하지 않는 일을 하는 이들에게 돌아오는 것은 '무리와 다른 짓 하는 놈' 이란 비난의 소리였을 것이다. 이런 성깔과 도도함이 있었기에 최고의 경지에 오를 수 있었을 것"이라고 말한다. 때로는 마이너리티의 설움이 '최고의 프로'를 탄생시키는 원동력으로 작용하는 것이다.

이규동의 《위대한 콤플렉스》는 우리나라 역사적인 인물 33인의 콤플렉스를 분석한 책이다. 세조는 '차남 콤플렉스'에 시달렸고, 명성황후는 무남독녀로서 '남성 콤플렉스'를 갖고 있었다고 한다. 열 살에 담배장사를 시작했다던 이광수는 '고아 콤플렉스'에 시달렸지만 〈사랑〉이라는 걸작을 탄생시켰다. 콤플렉스가 오히려 한 개인을 성장시키고 삶을 고양시킨 에너지가 되었다고 이 책은 분석한다. 특히 콤플렉스가 한 개인을 파괴하기도 하지만 내적 에너지를 승화시키는 원동력이 된다고 강조한다. 청년 실업자들 역시 취업이 안 되는 까닭을 자신의 콤플렉스 탓이라고 자조하기보다 이를 극복하려 한다면 '최고의 프로'로 위대한 탄생을 할 수 있을 것이다.

《돈 버는 사람은 따로 있다》라는 책으로 베스트셀러 저자가 된 이상건 씨(1967년생)는 재테크와 금융 분야에서 기자로 활동한 경험을 바탕으로 하여 '투자콘텐츠' 전문가로서 새로운 명성을 쌓아가고 있다. 한때 그는 금융 분야의 비주류로서 많은 어려움을 겪었지만, 현재 미래에셋투자연구소 부소장으로 일하면서 중앙일보와 경향신문, 한겨레 등 각종 매체에 투자콘텐츠 전문가 또는 재테크 전문가로 이름을 알리고 있는 1인 기업가라고 할 수 있다.

그는 서강대 신문방송학과를 졸업할 때까지만 해도 사회의 주류에 속했다. 이때까지 그는 비주류의 설움을 거의 겪어보지 못했다. 졸업 후 동부생명에 들어간 그는 '글쓰기의 유혹'에 이끌려 그만 신생 잡지사로 전직을 했는데, 그게 고단한 마이너리티 인생의 시작이었다. 하지만 역설적으로 그 마이너리티의 길이 '재테크 전문가'라는 오늘의 그를 있게 했다.

이상건 씨가 걸어온 길을 보면 인생이란 우연의 연속이고, 그 우연이 때로는 성공의 유전자를 이루는 것임을 알 수 있다. 신문방송학과를 나온 그가 처음부터 금융기관에 취업하고자 한 것은 아니었다. 어찌어찌하다 보니 보험회사에 들어갔고, 영업교육부에서 근무한 그는 하루하루 생존을 시험받는 세일즈맨(보험설계사)의 세계를 접하게 되었다. 그가 보기에 보험세일즈맨은 세상에서 가장 부지런한 사람, 고객을 찾기 위해 하루 종일 발로 뛰는 사람이었다.

그렇지만 학창시절에 꿈꿔온 글쓰기의 유혹이 그를 부추겼다. 첫 직장에서 5년 정도 지난 어느 날, 신문에 난 잡지사의 기자 공고가 그의 눈에 확 들어왔다. 얼마 후 이력서를 제출했는데, 덜컥 합격을 하고 말았다. 보험회사보다 월급이 턱없이 적었다. 하지만 기사를 쓸 수 있다는 생각만으로 그는 행복했다. 글쓰기의 행복에 도취한 나머지 그는 그 길이 그렇게 고달픈 길인 줄 미처 알지 못했다. 그것은 이른 바 '마이너리그'의 길이었다.

끊임없이 공부하며 자기계발에 박차를 가하라

당시 그는 마이너리그의 길을 생전 처음 겪어보았다. 대학을 졸업할 때까지 줄곧 주류의 인생을 살아온 그였다. 첫 직장도 어디 가서 명함을 내밀어도 꿀릴 게 없었다. 그런데 글쓰기의 유혹에 이끌려 무작정 옮긴 잡지사는 그렇지 않았다. 기자의 세계에서 그곳은 그야말로 마이너리그에 속했다.

기자의 세계에서는 출입처를 어디로 두느냐가 하나의 '권력'으로 작용한다. 청와대 출입기자, 삼성그룹 출입기자는 그야말로 기자들에게 꽃이다. 그곳은 고참기자 중에서도 조직에서 잘나가고 인정받는 기자들이 출입처로 배정받는다. 기자라고 아무나 갈 수 있는 곳이 아니다. 이른바 조직의 주류들만이 갈 수 있는 출입처인 셈이다.

기사를 쓸 수 있다는 것만으로 행복했던 기분도 잠시뿐, 그는 한마디로 갈 곳이 없었다. 대기업이며 금융기관이며 서울에는 도처에 기자들을 위한 출입기자실이 있지만, 그가 갈 수 있는 기자실은 없었다. 폐쇄적인 기자실은 무명의 잡지사 기자를 결코 환대하지 않았다. 홍보실에 가면 한마디로 무시당하기 일쑤였다. 신문과 방송사 기자들만 해도 헤아릴 수 없을 정도이고, 각 신문사의 시사주간지 또한 얼마나 많은가. 이제 막 얼굴을 내민 재테크 전문 잡지는 1997년 당시만 해도 알아주는 곳이 없었다.

잡지사를 나와도 반겨주는 곳이 없던 그는 문득 보험세일즈맨을 떠올렸다. 그들의 영업력은 잡초 같은 인생을 사는 이들에게 반드시 필요한 생존 덕목이 아닐 수 없었다. 홍보실이나 기자실에 '초대받지 않은 기자'였던 그는 마치 보험설계사들처럼 '현장 속으로' 들어갔다. 홍보부 관계자들을 만날 수 없다면 부서의 실무 담당자들을 만날 경우 더 좋은 기사거리를 얻을 수 있다는 생각이 들었다.

이때부터 그는 매일 세일즈맨처럼 현장 실무자들을 만나기 시작했다. 물론 그들도 환대하지 않기는 마찬가지였다. 그렇지만 그는 '하루 5명과 명함을 반드시 교환하자'는 원칙을 정하고 이를 실천하도록 노력했다. 하루 이틀이 지나고 한 달이 지나고, 그렇게 시간이 흐르자 하나의 인적 네트워크가 구축되기 시작했다. 실무자들을 찾아가면 동생처럼 반겨주는 이들도 생겨났다. 실무자이기 때문에 기사의 아이템도 많이 나왔다. 특히 그는 한 달에 한 번 정도는 반드시 이들에게 안부 전화를 했다. 이는 보험세일즈맨이 활용하는 인적 네트워크의 노하우다. 즉 보험세일즈맨이 인맥을 관리하듯 취재원을 관리했던 것이다. 이는 '어깨에 힘이 들어가는' 일간지 재테크 담당 기자들은 하기 힘든 일이다. 그만큼 그는 비주류로, 마이너리그 기자로 몸을 낮추었던 것이다. 그러자 그에게 호감을 보이는 이들이 늘기 시작했다.

이와 함께 자기계발에 박차를 가했다. 그는 자신만의 방식으로 '내공' 쌓기에 주력했다. 먼저 일간지 재테크 담당 기자들이 쓴 기사를 1년 정도 스크랩을 하면서 분석했다. 이들은 대부분 금융기관에서 쏟아

내는 보도자료나 분석자료에 의존해 기사를 썼다. 같은 자료를 바탕으로 기사를 쓴 탓에 기사의 내용과 질도 차이가 나지 않았다. 그는 이 정도의 기사라면 그들과 대결해도 이길 수 있다는 자신감이 생겼다.

그는 인터넷을 검색하면서 '머니'와 같은 해외의 재테크 관련 사이트를 종횡무진 넘나들기 시작했다. 차츰차츰 알짜배기 정보들이 눈에 들어오기 시작했다. 이를 메모하고 기억해 기사에 반영했다. 일간지 재테크 기사들과 차별화된 그의 기사를 보고 점차 호응을 해주는 이들이 늘었다. 특히 금융기관의 실무자들 사이에 '이상건 기자는 공부하는 기자'라는 평판이 돌기 시작했다. 그의 명성은 이내 재테크 담당자들의 입에 오르내렸다. 라디오 방송 출연에 이어 텔레비전에도 얼굴을 알리기 시작했다. 고승덕 변호사와 김미화 씨가 진행하는 텔레비전 프로그램에 출연하면서 드디어 세상에 그의 존재를 알렸다. 이른바 마이너리티 인생에 햇볕이 찾아들기 시작한 것이다. 잡지사를 나서도 갈 곳이 없던 마이너리티의 설움이 오히려 그에게 재테크 전문기자로서의 명성을 얻게 해주었던 것이다.

이상건 씨는 "비록 비전문가라 하더라도 그 분야에 관한 책을 100권 정도 섭렵한다면 누구든 전문가가 될 수 있다"고 강조한다. 그가 재테크 전문가로 평판을 얻을 수 있었던 건 다름 아닌 '독서'에 있었다. 그는 20대 초반부터 지금까지 하루 한 권 책 읽기를 실천해 오고 있다고 한다. 운동이나 잡기 등에 도통 취미가 없는 그의 유일한 취미가 바로 독서이다.

재테크 전문가로 이름이 알려지자 와우TV에서 함께 일하자는 제의가 왔다. 방송기자로서 새로운 경험을 시작했다. 그리고 중앙일보에서 발행하는 시사경제주간지인 이코노미스트에 들어갔다. 그는 "이코노미스트 기자는 자신에게 처음으로 '주류 기자'의 타이틀을 주었다"고 말한다. 그가 만나자는 연락을 하면 사회적 지위가 높은 취재원들도 흔쾌히 인터뷰에 응해주었다. 또한 그는 《돈 버는 사람은 분명 따로 있다》라는 책으로 베스트셀러 저자가 되었는데, 지금까지 마이너리티 기자로서 받은 설움이 그에게는 약이 되어 재테크 전문가와 베스트셀러 저자라는 보너스를 준 것이다.

자기 분야의 프로가 진정한 1인 기업가이다

그는 이코노미스트 기자로 안주하지 않고 잠시 충전기를 거쳐 미래에셋연구소로 자리를 옮겼다. 현재 이곳에서 그가 하는 일은 투자자 교육과 투자에 대한 콘텐츠를 기획하는 것이다. 그래서 그는 자신이 '재테크 전문가'로 소개되는 것을 싫어한다. 재테크 전문가는 금융기관에 수없이 많이 포진해 있기 때문이라는 것이다. 재테크 전문가라는 직함보다 '투자콘텐츠를 만드는 일을 하는 사람'이나 '콘텐츠 브로커'가 더 어울린다는 것이다.

　이상건 씨는 요즘 그 어느 때보다 행복하다고 말한다. 그는 "지금은 나를 만나보고 싶어 하는 사람도 있고, 나의 강의를 듣고 싶어 하는 사람도 있다"고 말한다. 마이너리그 시절과 비교하면 불러주는 사람이 있다는 그 자체만으로 감사할 따름이라는 것이다.

　그는 마이너리그 때 신용카드를 5년 동안 사용하지 않았다. 또한 월급의 절반은 반드시 저축을 했다. 이게 종자돈이 되어 현재 그는 돈에 구애받지 않을 정도의 생활을 하고 있다고 말한다. 그는 투자와 관련하여 "펀드의 경우에는 가능한 한 장기투자를 하는 것이 바람직하다"면서, "펀드매니저에 대한 정보를 최대한 입수하고 분석할 필요가 있다"고 강조한다. 이때 주의 깊게 살펴봐야 할 것으로 그는 '펀드매니저의 일관성'을 들었다. 즉 펀드매니저가 투자의 일관성을 유지하고 있느냐 여부를 잘 살펴봐야 한다는 것이다.

이상건 씨는 꿈을 위해 고단한 마이너리그에 뛰어들었다. 재능을 쌓아도 불러주지 않는 마이너리그의 현실은 삭막했지만, 그는 이를 내공 쌓기의 기회로 활용했다. 결국 그는 메이저리그에서도 각광받는 선수가 되었고, 재테크 관련 강연과 상담 및 저술 등의 활동을 펼치며 이미 1인 기업가의 길에 들어섰다. 더욱이 그는 마이너리그의 현실을 누구보다 더 잘 알기에 마이너리티들의 멘토가 되어주고 있다. 그의 강연에 사람들이 몰리는 이유는 바로 그 자신이 비주류가 되어 거친 세상을 헤쳐 나왔기 때문일 것이다. 그는 "문 밖을 나서도 갈 곳이 없었는데 이제 불러주고 찾아주는 사람이 있어 행복하다"고 말한다.

"세일즈맨처럼 인맥을 관리하라. 불러주는 사람이 없을 때는 내공 쌓기에 전념하라. 그리고 재테크 서적을 100권 정도 읽으면 누구든 재테크 전문가가 될 수 있다"는 게 그의 신념이다. 그는 보험회사에서 근무하다 재테크 잡지사 기자로 전업한 지 10년 만에 재테크 전문가로서 명성을 얻을 정도로 성공신화를 만들어가고 있다. 그래서인지 그는 "누구든 한 분야에서 10년 정도 열정적으로 노력하고, 100권 정도 관련 분야의 전공서를 읽으면 전문가가 될 수 있다"고 하면서, "자기 분야에서 전문가로서 입지를 굳히는 것이야말로 1인 기업가 되기 위한 가장 중요한 요건"이라고 거듭 강조한다.

일, 비전 그리고 멘토링…

살다 보면 누구에게나 인생의 변곡점이 되는 일이 생깁니다. 흔히 남자가 금연을 하게 되는 경우는 크게 세 가지라고 합니다. 하나는 사랑하는 여인 때문에, 다른 하나는 아이가 태어났을 때, 마지막으로 건강에 좋지 않은 신호가 올 때라고 합니다. 재테크도 마찬가지입니다. 돈을 벌기로 결심하는 때가 있습니다. 나의 경우엔 어머니가 뇌출혈로 쓰러지면서 돈의 중요성에 대해 눈을 떴습니다. 집안에 장기 입원환자가 있으면 최종적으로 직면하는 문제가 바로 돈입니다. 이렇듯 돈은 긍정적인positive 상황보다는 부정적인negative 상황에서 큰 힘을 발휘합니다.

돈을 잘 버는 사람의 특징 중 하나는 돈이 주는 달콤함 못지않게 돈이 없을 때의 혹독함을 잘 알고 있다는 점입니다. 그래서 자수성가한 어떤 사장은 "돈을 벌려면 가난부터 배워야 한다"고 말합니다.

그렇다면 부자들에겐 특별한 유전자가 있는 것일까요. 부자를 꿈꾸는 사람들이라면 한번쯤 생각해 봤음직한 질문입니다. 70년대 중반 미국 최고의 갑부였던 석유 재벌 폴 게티는 "당신이 부자가 되기를 원한다면 돈을 많이 버는 사람을 찾아서 그 사람이 하는 대로 따라서 하라"고 조언합니다. 즉 부자들의 사고방식과 습관을 따라하면 부자가 된다는 것입니다. 《부자가 되는 법 How to be rich》이라는 책을 쓴 게티는 이를 '백만장자 마인드'라고 강조합니다. 부자들은 대부분 자신이 하는 일을 즐기기 때문에 다른 사람들보다 더 많이 일합니다.

백만장자들의 두 번째 유전자는 바로 '배우려는 태도'입니다. 부자들 대부분은 일반인보다 많은 독서량을 가지고 있습니다. 세계에서 가장 부자라고 할 수 있는 빌 게이츠와 투자의 귀재로 알려진 워렌 버핏이 전형적인 예입니다. 빌 게이츠의 대저택에서 가장 돋보이는 건물이 바로 그의 도서관이며, 버핏도 하루의 3분의 1을 책과 각종 투자 관련 자료나 잡지 및 신문을 읽는 데 시간을 보낸다고 합니다. 버핏은 전설적인 투자자 벤저민 그레이엄이 쓴 《증권분석》과 《현명한 투자자》를 늘 자신의 사무실에 두고 읽었다고 합니다. 이 책은 투자의 고전으로 통하는데, 버핏은 신혼여행을 갈 때도 《증권분석》을 들고 가서 읽었을 정도라고 합니다.

미국 월가에서 가장 존경받는 펀드매니저였던 존 템플턴은 아예 "자기 자신을 '살아 있는 도서관'으로 만들라"는 충고를 하기도 합니다. 그는 "공항에서 비행기를 기다리거나 전철을 기다릴 때 업무 관련 서적을 보거나 책을 읽으라"고 말합니다.

부자들의 세 번째 유전자는 '저축의 힘'을 믿는다는 것입니다. 세계적 갑부들은 한결같이 처음에는 저축을 통해 사업 밑천이나 투자자금을 만들었습니다. 카네기는 자서전에서 "나는 저축을 통해서 억만장자가 됐다. 조금씩 급료를 저축했는데 나중에 그것으로 신용 대부를 받았다…. 백만장자의 표시가 뭔지 아는가? 바로 수입이 항상 지출을 초과하는 것이다. 백만장자들은 일찍부터 저축을 시작한다. 돈을 벌기 시작할 무렵부터 말이다"라고 저축의 중요성을 강조했습니다. 템플턴은 소득의 50퍼센트는 무조건 저축하는 '50퍼센트의 규칙'을 무려 20년이나 지켰다고 합니다. 하지만 일반인들은 일확천금을 노립니다.

진리란 대부분 진부합니다. 부자가 되는 방법도 그렇습니다. 열심히 일하고,

공부하고, 저축하는 것. 부자가 되기 위해서는 이 간단한 원칙만 지켜도 된다는 것을 세계적 갑부들의 삶에서 알 수 있습니다.

내가 기자로서 '마이너리그'를 거쳐 결국 '메이저리그'에서 재테크 칼럼니스트로 나설 수 있었던 것은 다름 아닌 '백만장자 마인드'를 실천한 덕분이라고 할 수 있습니다. 누구든 열심히 일하고 공부하면서 묵묵히 '내공'을 쌓는다면 한 분야의 전문가가 될 수 있을 것입니다. 그때는 부와 명예, 심지어 권력도 얻을 수 있을 것입니다.

이/상/건

브랜드의 진화 대학 졸업 후 동부생명에 입사해 5년 근무 → 재테크 잡지사 'ROY'에서 기자로 새 출발. 잡지사 기자생활을 하며 '내공'을 쌓음 → 하루 5장씩 명함받기를 실천하며 샐러리맨처럼 취재원 확보에 나섬 → 차츰 재테크 칼럼니스트 겸 강사로 이름이 알려짐 → TV에 출연 → 와우TV 창립 멤버로 합류 → 중앙일보 경제주간지인 '이코노미스트'로 옮김 → 《돈 버는 사람은 분명 따로 있다》가 베스트셀러에 오름 → 1년간 휴식을 거쳐 미래에셋투자교육연구소 수석연구원으로 새 출발 → 재테크 관련 저술과 강연, 투자 상담 등의 활동을 펼치며 이미 1인 기업가로서 자리매김을 하고 있음.

자본금 마이너리티 콤플렉스, 투자콘텐츠 기획력.

대표적인 생산품 《돈 버는 사람은 분명 따로 있다》, 재테크 칼럼.

인생의 터닝 포인트 동부생명에서 근무하다 재테크 잡지기자로 옮긴 것.

수입원 포트폴리오 연봉+인세+원고+강연료 등.

1인 기업가로서의 신조 돈, 지식, 사람을 저축하면 부자는 저절로 된다.

한국의 1인 주식회사

지은이 | 최효찬
펴낸이 | 김경태
펴낸곳 | 한국경제신문 한경BP

제1판 1쇄 발행 | 2007년 5월 21일
제1판 2쇄 발행 | 2007년 6월 10일

주소 | 서울특별시 중구 중림동 441
기획출판팀 | 3604-553~6
영업마케팅팀 | 3604-561~2, 595 FAX | 3604-599
홈페이지 | http://www.hankyungbp.com
전자우편 | bp@hankyung.com
등록 | 제 2-315(1967. 5. 15)

ISBN 978-89-475-2604-3
값 11,000원

파본이나 잘못된 책은 바꿔 드립니다.